Acolhendo o Passado, Construindo o Futuro

HISTÓRIAS E APRENDIZADOS

JACQUELINE VASCONCELOS

EDITORA LEADER

Copyright© 2024 by Editora Leader
Todos os direitos da primeira edição são reservados à Editora Leader.

Diretora de projetos e chefe editorial:	Andréia Roma
Revisão:	Editora Leader
Capa:	Editora Leader
Projeto gráfico e editoração:	Editora Leader
Crédito das fotos:	Gina Stocco
Suporte editorial:	Lais Assis
Livrarias e distribuidores	Liliana Araújo
Artes e mídias:	Equipe Leader
Diretor financeiro:	Alessandro Roma

```
Dados Internacionais de Catalogação na Publicação (CIP)

V451a
1.ed.   Vasconcelos, Jacqueline
            Acolhendo o passado, construindo o futuro /
        Jacqueline Vasconcelos. - 1.ed. - São Paulo :
        Editora Leader, 2024. - (Série mulheres /
        coordenadora Andréia Roma)

            ISBN 978-85-5474-202-7

            1. Experiências - Relatos. 2. Histórias de
        vidas. 3. Mulheres - Biografia. 4. Narrativas
        pessoais. 5. Superação. I. Título. II. Série.

04-2024/17                                    CDD 920.72
```

Índice para catálogo sistemático:
1. Mulheres : Histórias de vidas : Biografia   920.72
Aline Graziele Benitez – Bibliotecária   CRB-1/3129

2024

Editora Leader Ltda.
Rua João Aires, 149
Jardim Bandeirantes – São Paulo – SP
Contatos:
Tel.: (11) 95967-9456
contato@editoraleader.com.br | www.editoraleader.com.br

Queridos Leitores,

é com grande satisfação que tenho o prazer de apresentar a vocês nosso mais recente lançamento,"**Acolhendo o Passado, Construindo o Futuro: Histórias e Aprendizados**", da autora Jacqueline Vasconcelos.

Este livro é uma jornada íntima e poderosa através da vida de Jacqueline, repleta de experiências transformadoras, desafios superados e lições aprendidas. Desde os momentos mais sombrios até as grandes conquistas, Jacqueline nos conduz por sua trajetória com uma honestidade cativante e uma sabedoria inspiradora.

Dividido em uma série de capítulos envolventes, somos levados a acompanhar cada passo do seu caminho, desde sua infância até sua ascensão profissional e pessoal. Ao longo do livro, ela compartilha suas lutas, triunfos, aprendizados e reflexões, oferecendo-nos uma visão profunda e autêntica de sua jornada de autodescoberta e crescimento.

Desde os desafios de momentos de violência até os momentos de perda e dor, desde as conquistas profissionais até os momentos de transição e mudança, e o apoio determinante dos seus pais. **"Acolhendo o Passado, Construindo o Futuro: Histórias e Aprendizados"** é uma celebração da resiliência, da perseverança e da capacidade humana de transformar desafios em oportunidades.

Jacqueline nos lembra da importância de acolher nosso passado, aprender com nossas experiências e olhar para o futuro com esperança e determinação. Sua história é um testemunho inspirador do poder da resiliência, da coragem e da fé em si mesmo.

Esperamos que este livro toque seus corações, inspire suas mentes e os motive a abraçar suas próprias jornadas de autodescoberta e crescimento.

Este é mais um livro que entra para somar com os livros autorais do Selo Editorial Série Mulheres.

Com gratidão pela oportunidade de compartilhar esta obra extraordinária com vocês.

Andréia Roma
CEO Editora Leader

"Quem honra sua mãe é semelhante àquele que acumula um tesouro. Quem honra seu pai achará alegria em seus filhos, será ouvido no dia da oração. Quem honra seu pai gozará de vida longa; quem lhe obedece dará consolo à sua mãe. Quem teme o Senhor honra pai e mãe. Servirá àqueles que lhe deram a vida como a seus senhores. Honra teu pai por teus atos, tuas palavras, tua paciência, a fim de que ele te dê sua bênção, e que esta permaneça em ti até o teu último dia."

Eclesiástico 3, 5-10 - Bíblia Ave-Maria

Agradecimentos

Agradeço às pessoas que passaram pela minha vida, me inspirando com seus exemplos, ações e histórias que me ajudaram a moldar quem eu sou.

Agradeço aos times de que participei, aos gestores que me lideraram, aos grupos e conselhos de que fiz parte como GADEX, GDI, clubes de colaboradores e conselhos de fundos de pensão, e aos professores e orientadores que tive nessa jornada.

Agradeço às mulheres incríveis da minha vida: minhas tias, minha madrinha, minhas avós, minhas host mothers, minha sogra, minhas cunhadas, minhas sobrinhas, minhas coachs, mentoras, amigas, colegas de trabalho e das minhas áreas de atuação, e àquela madame. Todas me ajudaram com suas orientações, colo amigo, exemplos e parcerias.

Agradeço à minha psicóloga, Ana Carolina Duarte da Silva Tosello, por ser apoio nessa minha trajetória de crescimento pessoal.

Agradeço à minha irmã, Ellen, pela irmandade, torcida e parceria nessa caminhada.

Agradeço ao meu filho Davi, que me deu a oportunidade de viver a maternidade.

Agradeço ao meu marido, Idalino, por me apoiar nessa jornada da vida com amor, serenidade e sabedoria.

Agradeço à minha mãe, Neusa, ao meu pai, Arlindo, pela minha criação e seus ensinamentos na humildade da sua educação e na grandiosidade de suas vidas.

Agradeço a Deus por guiar e iluminar meus passos.

Honro minha mãe por acreditar de forma incondicional na capacidade de suas filhas.

Neusa Laurindo de Vasconcelos da Silva

Súmario

Introdução 11
1. Acidente de ônibus na estrada da mina 13
2. Assassinato no ônibus em Shangrilá 15
3. Bullying no curso de manequim da igreja 17
4. Concurso quadro complementar da Marinha 20
5. Minha origem 22
6. Um sinal de que eu podia ser mais 25
7. Exemplos Femininos 29
8. Pré-vestibular para negros e carentes 33
9. Humildade, insistir e sempre contar com a ajuda de Deus 38
10. O começo de um novo trabalho: centro do Rio, cigarro e falecimentos 41
11. O começo da faculdade 43
12. O começo de uma nova era: RUF - Residência Universitária Feminina 45
13. Buscando um lugar no mundo: sonho de trabalhar numa Big Six 49
14. Lidando com perdas de pessoas queridas 52
15. Mamãe: humildade, determinação e meu pai preso 55
16. Da rejeição de uma Big Six a um concurso público 59
17. Nova área, novos ares: atendimento ao público, exemplos de liderança e aprendizados 61
18. Da área comercial para finanças: aprendizados com profissionais maduros 64
19. De Finanças para RH 68
20. Formatura UERJ 70
21. Saída da RUF e uma nova vida: quitinete em Botafogo, carro e alfabetização da mamãe 72

22. Trabalhando com expatriados, me tornando uma profissional de Global Mobility 75

23. Onde nasci e fui criada com minha irmã 78

24. Novas histórias: mudanças de gestor, novas atividades profissionais, primeiras viagens de avião e internacional 84

25. Novas atribuições: gestão de times e perda de uma amizade .. 88

26. Cursos, grupos e aliados para lidar com a Síndrome da Impostora 93

27. Novas conquistas: um apartamento e a proposta de mudar para São Paulo 95

28. Mudança para São Paulo 99

29. Dinâmica São Paulo x Rio nos primeiros anos 102

30. Doença da mamãe 106

31. Não teve mudança internacional, mas teve impacto cultural 110

32. Busca por crescimento profissional: viagem ao Canadá 113

33. Primeiros grandes projetos em São Paulo: fusões, sustentabilidade e governança 115

34. Início da psicoterapia, do mestrado e o apoio de líderes 118

35. Câncer do papai 122

36. Viagens em família para Juazeiro do Norte, Garanhuns: encontro de gerações 125

37. Ampliando meu repertório: benefícios, lecionar, apoio das amizades 127

38. Da busca por um novo desafio profissional ao encontro de um amor 129

39. Segundo processo de fusão: tensões e exemplos de vida 134

40. Da Folha de Pagamento à Movimentação Internacional: São Paulo x Madrid 138

41. Promoção a gerente: comunicação e inspiração 142

42. Meu casamento 145

43. Terceiro processo de fusão 148
44. Atuação em novos grupos de trabalho, além da empresa 151
45. Morte da sogra e de um executivo 156
46. Mamãe: a partir da fratura do fêmur 160
47. Antes da maternidade, a Chikungunya 163
48. Curso Leading Self: um presente para a vida 165
49. Da descoberta da gravidez à saída para a maternidade 170
50. A vida após a maternidade: redes de apoio, mudança de cidade e casa de repouso 175
51. Retorno da licença-maternidade 180
52. Carreira: busca por crescer após a maternidade 183
53. Carreira: a transformação do RH e um passo em falso 185
54. A desmobilização da casa no Rio, uma certa estabilidade e a realização de sonhos 188
55. Encaminhamento de coisas antes da pandemia........................ 190
56. A pandemia, Projeto de Educação Financeira 193
57. Despedida da mamãe 199
58. Retomada dos projetos de vida 204
59. Desligamento: um novo luto 207
60. Aprendizado - A importância de fazer escolhas 211
61. Aprendizado - Comunicação 214
62. Aprendizado - Empatia 216
63. Início de um novo futuro... 219
Biografia 222

Introdução

Estou escrevendo este livro para contar histórias inspiradoras de superação, honrar a memória da minha mãe e não esquecer de compartilhar experiências importantes com o meu filho, Davi.

Quero enfatizar que um acontecimento na vida não define quem somos. Ele nos molda e nos prepara para os próximos passos. Entretanto, muitas vezes, é necessário tempo e apoio para compreender seus efeitos e significados.

É crucial olhar para o futuro com base em quem somos atualmente. Mas o passado nos ajuda a entender como nos tornamos quem somos hoje, e as experiências que vivemos até aqui nos fornecem pistas valiosas.

O contexto em que escrevo este livro é marcado por uma pandemia há mais de três anos, instabilidade econômica em vários países, polarização política, conflitos na Europa e no Oriente Médio, e o término de uma relação de trabalho de 25 anos.

Neste cenário, é evidente que muitas pessoas estão repensando suas relações com o trabalho, e eu não sou exceção.

Para mim, o trabalho sempre foi essencial para sobreviver e progredir.

Minha família migrou do Nordeste para o Sudeste em busca de oportunidades de trabalho, e eu segui o mesmo caminho ao me mudar de Nova Iguaçu para o Rio de Janeiro e depois para São Paulo por motivos profissionais.

Hoje, compreendo que o trabalho é um meio para alcançar algo maior. Porém, em tempos passados, muitas vezes ele se tornou um fim em si mesmo, dado seu significado ao longo do tempo de se ter uma vida melhor.

Uma vida melhor que podia ser de ter comida para matar a fome, ou de ter dinheiro para comprar um picolé, ou de conseguir fazer uma faculdade, ou ter condições de proporcionar uma vida melhor para minha família.

Eu me formei contadora, mas me tornei uma profissional de gente, ou seja, de recursos humanos.

Profissional que antes da formação ou especialização deve cuidar e acolher indivíduos e organizações em suas necessidades e suas histórias.

Uma vez ouvi de um alto executivo de grandes empresas no Brasil que as pessoas não têm pontos fortes, nem pontos fracos. Elas têm um perfil. E este perfil é resultado das suas circunstâncias e das suas histórias. E na minha vida tem muitas histórias, e eu tenho muito orgulho delas.

Durante quase trinta anos de carreira fui sujeito e objeto. Fui a profissional de recursos humanos e o recurso humano.

Trago na memória e no coração muitas histórias. Do recrutamento à folha de pagamento. Da subordinação à liderança, e, ainda, do desenvolvimento à mentoria.

Fato é que a minha vida profissional foi um pano de fundo de muitas outras histórias que ocorreram no palco principal da minha vida.

Grandes crises nos fazem refletir, permitindo-nos ver coisas que estavam diante de nós o tempo todo. Como disse Sócrates, "uma vida não examinada não vale a pena ser vivida pelo homem". Estou profundamente grata por poder compartilhar minhas histórias.

1. Acidente de ônibus na estrada da mina

Eu tinha 12 anos e mamãe já tinha sido diagnosticada com Artrite Reumatoide, uma doença degenerativa.

Seu tratamento inicial foi pelo sistema hoje chamado SUS – Sistema Único de Saúde, usando basicamente corticoides. Na época não existiam os remédios biológicos para tratá-la.

Num dia, eu acompanhava mamãe para fazer fisioterapia em uma clínica do centro de Nova Iguaçu, cidade localizada na Baixada Fluminense, no Rio de Janeiro.

A clínica ficava a cerca de 15 km de onde nós morávamos. O trajeto até lá era feito por um ônibus precário que passava de hora em hora. Demorava aproximadamente 50 minutos para chegar no destino.

No caminho passávamos pela rua chamada "estrada da Mina", que quando chovia, ficava toda esburacada.

Os motoristas tinham o hábito de passar voando nessa estrada de terra, mesmo cheia de buracos, e não foi diferente com o motorista daquele dia. Parecia que carregava bois na caçamba de um caminhão. Nós duas sentadas no último banco de trás do ônibus.

Na passagem por um dos buracos, minha mãe não conseguiu se segurar no ferro e voou da cadeira até o teto, sentando-se de volta e deslocando a coluna. Fomos os 40 minutos de viagem gritando, mamãe, de dor, e eu pedindo socorro.

O motorista dispensou os outros passageiros e nos levou para um hospital e minha mãe foi socorrida. Ele nos pediu para não o denunciar.

Não o denunciamos e seguimos nossa vida. Mais do que proteger o motorista, tínhamos medo de quem o motorista poderia ser ou ter relação, e, de alguma forma, sermos prejudicados.

Era década de 90, alguns grupos de extermínio já existiam nessa região. O temor era denunciar e, ao invés de justiça, ter alguma penalização adicional. Seguimos nossa vida e nunca mais nos encontramos com aquele motorista.

2. Assassinato no ônibus em Shangrilá

Com 14 anos comecei a estudar à noite para me preparar para conseguir um emprego durante o dia.

Estava cursando o segundo grau técnico em contabilidade no Instituto de Educação Rangel Pestana, um colégio público em Nova Iguaçu, com boa reputação em que consegui ingressar graças ao esforço da minha mãe para garantir uma vaga.

Além dos colegas de turma, fiz amizade com outros alunos que também usavam a mesma linha de ônibus para voltar para casa à noite, o que nos proporcionava cerca de 50 minutos de trajeto para conversar e compartilhar histórias.

Voltava para casa por volta das 22h, e nessas viagens de ônibus foi onde aprendi as músicas do Legião Urbana, Paralamas do Sucesso e Ira.

No entanto, em certo dia, enquanto retornávamos para casa, presenciei um evento perturbador.

O ônibus passava por Shangrilá, um bairro antes do meu ponto de desembarque. Sentada logo após a catraca, percebi um casal sentado à minha frente, uma moça branca e um homem negro. Como de costume, algumas pessoas se levantavam para pedir parada no próximo ponto, quando dois homens que estavam de pé se viraram para o casal e abriram fogo, matando-os ali mesmo.

Em pânico, abaixei-me junto com outros passageiros enquanto os atiradores fugiam. O motorista pediu calma e nos instruiu a descer. Com medo e tremendo, pulei sobre o corpo do homem caído e esperei por outro ônibus com os demais passageiros.

Rezei para ir embora dali antes de chegar a polícia e ter que falar algo. A orientação que tinha nestas situações era sempre dizer que não vimos quem fez.

Esse bairro de Shangrilá, bem diferente do lugar citado nos livros como paraíso pacífico e escondido nas montanhas do Tibete, tornou-se conhecido por sua violência, com grupos de extermínio ligados às facções criminosas da cidade do Rio de Janeiro.

Cheguei em casa e contei para minha mãe o que tinha acontecido.

Ela agradeceu a Deus que eu estava bem e reforçou para seguir a orientação de que não vi e não sabia de nada, e não deveria contar para ninguém o que tinha acontecido.

3. Bullying no curso de manequim da igreja

A vida seguia e eu ia entendendo mais do mundo, querendo encontrar meu lugar nele.

Sabia que para viver nele precisava de dinheiro, algo sempre discutido em casa, seja pela falta ou pela necessidade constante.

Meu pai trabalhava como vigilante à noite e, durante o dia, fazia trabalhos extras como faxina e jardinagem.

Minha mãe, por sua vez, cuidava da casa e de nós, eu e minha irmã, e fazia faxinas ou cozinhava de forma periódica na casa de uma das "madames", mulheres de alta classe social, onde havia trabalhado como arrumadeira e cozinheira quando solteira.

Este nome "madame" sempre foi designado por meus pais ao se referir aos patrões que tiveram desde que migraram das suas cidades natais.

Meu pai sempre se esforçou para nos proporcionar tudo que precisávamos, embora não houvesse luxo. Mas tudo era economizado para enviar ajuda mensalmente para minha avó paterna que vivia em Arapiraca, cidade do estado das Alagoas. Isso muitas vezes gerava desentendimentos entre meus pais, já que qualquer gasto extra era visto como um impedimento para enviar dinheiro à família.

Minha mãe achava injusto enviar essa ajuda, pois acreditava que outros irmãos de meu pai poderiam contribuir. Essa situação acabou me deixando um pouco ressentida com toda a população de Arapiraca na minha juventude.

Quando eu reclamava, meu pai sempre respondia com sua frase característica: "cresça e apareça", reforçando que o dinheiro que ele ganhava era fruto de muito esforço.

Por outro lado, minha mãe sempre me incentivava a crescer, estudar e trabalhar em um escritório com ar-condicionado, para não depender de homem, dando indícios de que não deveria seguir o mesmo caminho que ela.

Ela costumava dizer que uma das minhas brincadeiras favoritas era simular que eu trabalhava em um escritório. Embora eu mesma não me lembre dessa brincadeira, eu sempre me lembrava da mamãe recordando isso com orgulho para minhas tias quando comecei a trilhar minha carreira.

Aos 15 anos, alta e magricela, decidi que queria ser manequim, provavelmente influenciada por personagens de novelas da época.

Apesar de não ter o "rosto de modelo de TV", minha mãe apoiou meu sonho. Ela viu um anúncio de um curso de modelo e manequim durante uma de suas idas ao médico e defendeu a ideia junto ao meu pai, conseguindo recursos para pagar o curso.

A professora do curso, uma mulher elegante e bonita, já aposentada, havia sido uma manequim profissional. Era moradora do Flamengo, zona sul do Rio e viajava uma vez por semana para Nova Iguaçu, de trem, para dar aula para as meninas da Baixada Fluminense.

Num dos trajetos de trem ela levou uma pedrada quando estava sentada no vagão que deslocou seu maxilar. Ela se recuperou e esteve na minha casa. Minha mãe preparou um almoço delicioso para recebê-la, e ela nos presenteou com uma caixa de bombons. Fiz as aulas por seis meses e, ao final, houve uma formatura.

Pouco tempo após concluir o curso, um "empreendedor social" apareceu em nossa comunidade, oferecendo cursos de teatro e modelo e manequim na igreja local.

De onde saiu aquele homem ninguém sabia. Dizia que promovia cursos relacionados a arte para apoiar no desenvolvimento da periferia. Me candidatei para fazer o curso e participei até a segunda aula.

Nessa aula ele pediu para eu desfilar. Pediu também para as outras meninas desfilarem, e, ao final da apresentação, disse apontando para mim: "olha vocês desfilam muito melhor do que ela que fez o curso de manequim".

Ele me constrangeu ao dizer que as outras meninas desfilavam melhor do que eu. Me senti humilhada. Só fui entender este sentimento algum tempo depois.

Humilhação pelo que ele falou, pelas pessoas presentes que ouviram e nada comentaram, e por não ter conseguido me defender.

Ao contar para minha mãe, ela me disse que eles não mereciam minha presença e me aconselhou a não voltar mais lá. Poucas semanas depois, descobrimos que esse homem era um golpista que fugiu com o dinheiro das pessoas que haviam investido nos cursos. Diante das circunstâncias, a situação ficou para trás e eu segui em frente.

4. Concurso quadro complementar da Marinha

Depois de um tempo, o desejo de ser manequim desapareceu e outro sonho surgiu em seu lugar: trabalhar para a Marinha.

Conheci no ônibus um rapaz que era fuzileiro naval e me apaixonei por ele.

Ele era loiro, alto e "boa pinta". Só mais tarde percebi que aquele perfil de rapaz era o que todas as minhas colegas de classe também achavam atraente, uma representação do príncipe encantado dos contos de fadas que crescemos ouvindo.

Mesmo parecendo impossível, resolvi ter um plano para me aproximar dele. Decidi me tornar militar também. Após oito meses de preparação intensa, prestei concurso para o quadro complementar da Marinha, alimentando esperanças para um possível relacionamento.

O dia da prova do concurso estava marcado para uma quarta-feira, no estádio do Maracanã, às oito horas da manhã. Saí de Miguel Couto, meu bairro, às cinco horas, ciente de que precisaria pegar três conduções até o estádio.

A primeira condução transcorreu sem problemas, mas ao chegar à Avenida Brasil, me deparei com um grande engarrafamento que atrasou o ônibus.

Consegui pegar a terceira condução por volta das 7h40, mas quando cheguei ao estádio eram 8h05, e a entrada para a prova já havia sido encerrada. Assim, perdi a oportunidade de realizar o exame.

Fiquei desolada junto com outras meninas que também perderam a prova, gritando, implorando, compartilhando a frustração.

Éramos mais de 100 mulheres e, por volta do meio-dia, voltei para casa.

Ao chegar em casa, compartilhei com meus pais o ocorrido, devastada. Meu pai mencionou que sentiu algo estranho por volta das 8h, quando foi ligar o gás do botijão e houve um estouro, interpretando como um sinal de que algo não estava bem.

Após esse episódio, decidi que não queria mais seguir a carreira militar e que iria cursar uma faculdade.

Durante o ensino médio, tive três opções de curso: fazer o curso normal para lecionar para crianças, o curso técnico de contabilidade ou o curso de formação geral. Optei pelo técnico de contabilidade por ser um caminho mais próximo do ambiente de escritório, frequentemente incentivado dentro de casa.

Quando questionada por que motivo nessa época não considerei outras profissões, como medicina, engenharia ou advocacia, infelizmente havia restrições sobre o que eu poderia pensar em ser, não apenas por ser mulher, mas também devido à minha condição social e financeira.

A vontade mais próxima que tive foi de ser aeromoça, inspirada pelos anúncios na TV e pelos aviões que sobrevoavam nossa casa em rota para o aeroporto do Galeão. No entanto, essa aspiração foi logo deixada de lado.

Dizem que revisar nossa história e aprender com nossos erros e acertos é essencial para redefinir nossa trajetória e ter a sabedoria necessária para seguir em frente.

5. Minha origem

Quando criança, uma das minhas atividades favoritas era observar as casas enquanto íamos a pé ou de ônibus, especialmente aquelas com jardins na frente.

Esses momentos aconteciam quando acompanhava minha mãe para suas sessões de fisioterapia nas clínicas do centro de Nova Iguaçu. Uma dessas clínicas ficava em um bairro residencial do outro lado da linha do trem.

Íamos devagar, já que minha mãe não podia andar rápido, e aproveitávamos para admirar os jardins das casas.

Eu observava se alguém estava fazendo alguma coisa na casa, os tipos de cachorros que as famílias tinham e até mesmo os diferentes cheiros que vinham de dentro de cada uma delas.

Nossa casa era simples, mas confortável e acima da média para a região.

Meu pai começou construí-la a partir de um quarto e sala que já existia no terreno. Por isso, os cômodos tinham tamanhos diferentes de comprimento e altura, e algumas vigas eram meio tortas.

No início, minha irmã e eu dividíamos uma cama de casal para dormir, só ganhando camas de solteiro mais tarde.

Antes do Natal, meu pai costumava pintar a casa, enquanto minha mãe pintava o portão e as grades das janelas. Mamãe também fazia uma limpeza completa, incluindo os armários, porque acreditava que a casa deveria estar impecável para celebrar o nascimento de Jesus.

Meus pais sempre diziam que, quando eu completasse 18 anos, trabalharia na empresa de uma "madame".

Minha mãe trabalhou como cozinheira na casa dessa madame por cerca de 5 anos antes de se casar.

Quando meus pais se casaram, esta madame ofereceu serviço para meu pai na empresa dela, de vigilante, ganhando o dobro do que ele ganhava no mesmo trabalho num antigo mercado da zona Norte do Rio.

A madame ainda ofereceu um serviço extra de faxina e jardinagem para ele fazer, uma vez por semana, na casa dela. Meu pai não pensou duas vezes. Pediu as contas desse mercado e foi feliz da vida para este novo emprego.

O agradecimento a esta madame foi uma constante desde que me entendo por gente, em função de ter sido a primeira chefe na visão dos meus pais que os tinha ajudado de forma extraordinária.

Desde que os dois migraram do Alagoas para Rio de Janeiro, até então, ambos tinham atuado em serviços dos mais variados.

Do sonho de ser zabumbeiro, ou seja, tocador de zabumba, meu pai iniciou sua vida laboral cortando cana-de-açúcar.

Foi de cortador de cana-de-açúcar, dos 15 aos 22 anos, a vendedor de picolés e amendoins em estações de trem e porta de cinemas, passando tanto ele quanto minha mãe por prestarem serviços domésticos em casas de família nas cidades de Maceió, Rio de Janeiro e São Paulo.

Já mamãe dizia que seu sonho desde criança era a vontade de conhecer o Rio de Janeiro. Segundo ela, diziam "um nortista de verdade precisava conhecer o sul", confundindo as regiões do país, substituindo o Nordeste pelo Norte, e o Sudeste pelo Sul.

Meu pai chegou no Rio em 1967. Mamãe também, mas foi primeiro para São Paulo, onde vivia sua irmã, e no ano seguinte foi morar no Rio.

Ao longo do tempo a admiração e gratidão por esta madame acabou sendo transferida para mim e minha irmã, principalmente no Natal, quando nós duas ganhávamos brinquedos muito legais dessa empresa dela.

A madame tinha uma empresa que vendia produtos por reembolso postal. Começou com relógios e depois vendia de vestuário a produtos para cozinha. A empresa oferecia benefícios diferenciados na época, tais como plano de saúde e uma bonificação anual chamada de 14º salário.

Trabalhar nessa empresa era mais que motivo de orgulho para meu pai. Ele dizia "Deus no céu, e a empresa da madame na terra". E minha mãe sempre complementava que ele entrou na empresa por causa dela, pois o emprego dado ao meu pai foi em gratidão ao serviço dela.

Meu pai dizia para mamãe que se ele não fosse bom profissional o suficiente não teria ficado e assim assistimos ao longo dos 30 anos seguintes brigas e discussões dos dois a respeito.

A gratidão por essa empresa e pela madame era enorme para meu pai, que fazia de tudo para corresponder às expectativas.

Durante greves de ônibus, por exemplo, ele ia trabalhar de bicicleta, percorrendo cerca de 50 km de Miguel Couto até São Cristóvão, onde ficava a empresa. Se quebrasse algo na casa da madame durante o serviço, ele se esforçava para encontrar e pagar por um substituto, mesmo que isso significasse cortar gastos da nossa família pela metade naquele mês.

Cresci com a expectativa de trabalhar na empresa dessa madame.

6. Um sinal de que eu podia ser mais

À medida que me aproximava do último ano do segundo grau, a ideia de conciliar trabalho e estudos se tornou confusa.

Algumas primas mais velhas trabalhavam na empresa da madame, tanto na Zona Norte quanto na filial da Zona Oeste, e testemunhávamos as dificuldades que enfrentavam para equilibrar ambas as responsabilidades.

Uma delas chegava a dormir já arrumada para o trabalho do dia seguinte, acordando às 4h30 para chegar ao destino às 7h. Muitas não conseguiram continuar estudando enquanto trabalhavam lá.

No entanto, um comentário da madame fez com que eu repensasse minha decisão de trabalhar na empresa.

Durante uma conversa informal, ela disse ao meu pai que era mais importante eu ingressar na faculdade após o segundo grau e não desistir dos estudos.

Quando meu pai compartilhou conosco, foi um momento decisivo que me fez perceber que eu poderia almejar mais do que apenas um emprego naquela empresa.

Levei um tempo para entender a gratidão do meu pai por esta madame. As vezes achava que não tinha espaço para ele ser tão agradecido já que o salário que ele recebia era a obrigação de uma remuneração por um serviço prestado com muita dedicação.

Hoje, entendo meu pai, compartilho sua gratidão e, também, sinto gratidão pela madame.

Vejo que, naquela conversa informal com meu pai ela meu deu um sinal decisivo de que eu podia mais. Eu podia fazer mais, ser mais, atingir mais.

Aos 14 anos, comecei a trabalhar em uma sapataria no nosso bairro, onde recebia comissão apenas se vendesse algo. No entanto, como vendia pouco e sempre precisava da ajuda de uma colega mais experiente, minha comissão acabava sendo reduzida. Permaneci lá por apenas alguns meses, até ingressar no curso de Técnico de Contabilidade e conseguir um estágio em uma imobiliária próxima à minha escola. O horário flexível me permitia estudar e trabalhar, facilitando minha rotina.

Na imobiliária, eu realizava uma variedade de tarefas, desde atender clientes até limpar o escritório. No dia da faxina ganhávamos um lanche de pão francês com queijo e presunto. Os proprietários eram educados e cordiais, o salário era baixo, mas aprendi ali minha base de atendimento ao público.

Trabalhei lá por dois anos, período em que datilografava formulários e guias de recolhimento, aplicando o que havia aprendido em um curso de datilografia que fiz incentivada por minha mãe.

Quando tinha 12 anos, mamãe me colocou para fazer curso de datilografia baseada na justificativa de que era uma habilidade necessária para conseguir um emprego bom para trabalhar num escritório, e num ambiente com ar-condicionado. Fiz este curso uma vez por semana e confesso que a memorização dos testes de datilografia, "asdfg" "çlkjh", até hoje vem na memória. E minha prática de datilografar foi intensificada pelo meu pai.

No ano seguinte do curso, no meu aniversário, meu pai comprou uma máquina de datilografar para mim. Não era uma máquina portátil, e sim uma Olivetti profissional. Devia pesar uns 13 quilos. Meu pai a comprou no bairro onde trabalhava e trouxe até nossa casa de ônibus e trem, carregando sozinho aquele peso nas costas. Só para ter uma ideia, do bairro de São Cristóvão até nossa casa era aproximadamente 50 km, e que, de condução, podia demorar até duas horas este percurso na época.

Essa é uma situação que eu usava para lembrar e ter gratidão pelo meu pai, sempre que tinha um desentendimento com ele e ficava com muita raiva.

Lembrava-me dele carregando a máquina de escrever pesada para mim, e isso diminuía a raiva que eu estivesse sentindo.

Na imobiliária eu trabalhava com outra colega e revezávamos o atendimento. No período que trabalhei passaram pela posição ocupada pela colega três pessoas diferentes.

Apesar de ser um ambiente de trabalho agradável, se a pessoa não tivesse restrição de horário, o baixo salário que era pago despertava o interesse por outras oportunidades e as pessoas não queriam ficar ali.

Ao final de dois anos eu decidi sair para poder me preparar para o vestibular. Avisei com antecedência, mas minha saída coincidiu com a saída de uma colega que engravidou e teve que se casar às pressas e não pôde seguir trabalhando.

Lembro-me que meu chefe na imobiliária me perguntou no dia do casamento da colega se eu estava saindo porque a "minha colega de trabalho" também estava saindo e eu estava "copiando" a atitude dela.

Fiquei chateada com esse questionamento. Eu disse para ele o porquê de eu estar saindo antes. Era para eu estudar. Não sei que parte ele tinha perdido do que eu disse.

Será que aquela pergunta era por raiva por ficar na mão sem as duas funcionárias?

Será que era falta de crença de que o estudo podia mudar? Ou era o exemplo da liderança que não sabia o que era empatia e só enxergava na atitude do outro algo que lhe interessava?

Infelizmente um mau exemplo de liderança com que eu me deparei no decorrer da minha carreira. Não contra-argumentei e segui adiante.

Também contribuiu para o sinal que eu podia ser mais, um certo namorico que arranjei na escola.

Quando levei o menino em casa pela primeira vez, minha mãe o colocou para correr.

Ela disse para o rapaz "você não tem vergonha com 23 anos querer namorar minha filha com 15? Eu fiquei "p" da vida com mamãe.

No final não gostava mesmo do menino. Comecei a namorar um pouco por pressão dos colegas. Era um menino pão-duro apesar de já trabalhar. Em um mês de "namoro", só me pagou um sorvete.

Mamãe sempre dizia: "minha filha, amar tem muita coisa boa". Esta assim como outra frase que ela sempre dizia: "minha filha, não dependa de homem" ficaram para sempre na minha memória. Não sei se foi só por causa disso, mas eu só levei um outro namorado em casa 22 anos depois, que se tornou meu marido.

Eu fui estudar para prestar vestibular municiada dessas situações: "não depender de homem", a fala ridícula de um ex-chefe e a orientação da madame, que me motivaram a perseguir meus objetivos com determinação.

Os ensinamentos de minha mãe sobre independência e amor-próprio, e o apoio de meu pai, foram fundamentais para superar os desafios que vieram pelo caminho.

7. Exemplos Femininos

Nossa família sempre teve um bom relacionamento. Todos se esforçavam para ajudar uns aos outros.

Seja em momentos de dificuldade financeira, quando alguém emprestava dinheiro, ou em projetos como construir uma laje ou um muro, onde os homens se juntavam.

Também nos reuníamos para almoços e churrascos em ocasiões especiais, como fim de ano ou Dia das Mães.

Nosso convívio era marcado por histórias, algumas engraçadas, como quando algum parente bebia demais ou um tio que sempre trazia uma namorada diferente.

Além disso, havia também expressões engraçadas que usávamos, como "chibiu","brechol";"sabugo de milho" e "impressionante", que nos faziam rir muito, mesmo que eu não entendesse completamente os significados quando era criança.

Esses encontros sempre envolviam muita comida deliciosa feita pela minha mãe, que tinha seus pratos especiais, como pizza, torta de chocolate, torta de maçã, souflés e maionese.

Lembro-me de um momento em que minha mãe parou de fazer faxinas ou os serviços esporádicos na casa das madames em função da Artrite Reumatoide e passou a fazer pizzas em casa para vender aos finais de semana.

Era difícil para ela cortar a muçarela devido à inflamação nas articulações, então eu e minha irmã a ajudávamos. As pizzas da minha mãe eram elogiadas e até hoje consigo imaginar o cheiro e o sabor delas.

Eu tinha mais contato com a família da minha mãe, já que quase todos os seus irmãos moravam no Rio, do que com a família do meu pai, que em sua maioria vivia nas Alagoas.

A migração de oito tios e dos meus pais do Nordeste para o Sudeste começou na década de 60, quando o irmão mais velho da minha mãe se mudou primeiro.

Gradualmente, os irmãos mudaram, seguidos por minha avó e meu avô maternos.

Havia doze mulheres na família que marcaram minha infância. Muitas delas viviam em relacionamentos opressivos e algumas sofriam violência doméstica.

Era uma época em que não havia apoio legal nem da sociedade nem da própria família diante desse tipo de sofrimento. Algumas tentaram fugir, outras não. A história de cada uma delas renderia material para uma coleção de livros.

Uma das histórias que me marcou foi da minha madrinha que faleceu durante a pandemia de COVID. Ela se casou em Santa Maria do Salto, Minas Gerais, e não queria sofrer como suas irmãs que eram vítimas de violência doméstica.

Ela uma vez disse ao marido que, se ele avançasse e batesse nela, ela sairia de casa. Na época eles tinham um casal de filhos pequenos.

Chegou o dia que o marido bateu nela e, na semana seguinte, ela fugiu de casa, deixando os filhos e veio tentar a vida no Rio de Janeiro. Pediu aos irmãos em Minas que ajudassem temporariamente a criar os filhos que assim que conseguisse dinheiro mandaria levá-los ao seu encontro.

No Rio, sem contatos, com quase nada de dinheiro, foi trabalhar em casa de família como arrumadeira e morava no local de trabalho. Com o trabalho conseguia alguns recursos e enviava para os filhos, mas não tinha condições de trazê-los para morar com ela. Os filhos foram crescendo e com o passar dos anos já não tinham vontade de vir morar com ela também.

Foi trabalhando na casa da madame que ela conheceu mamãe e se aproximou de um tio, irmão da minha mãe e tiveram um relacionamento.

Neste trabalho ela atingiu uma certa estabilidade e remuneração, chegando até a construir um "barraco" como ela chamava, uma casa sua para morar, em Austin, cidade no extremo da Baixada Fluminense que ficava nos finais de semana.

Certo dia seu filho em Minas ficou doente e ela pediu à madame para se ausentar do trabalho por alguns dias para ir visitar o filho. Era uma época de visitas que a madame receberia de familiares de fora e não a autorizou se ausentar.

Mas minha tia explicou que não podia deixar de viajar para ver o filho. No seu retorno a madame a despediu.

Essa mulher viveu a vida com sentimento de culpa por ter deixado os filhos pequenos fugindo da violência doméstica e em busca de uma condição de vida melhor. Naquele momento que seu filho precisava ela não hesitou e "abriu mão" do trabalho.

Apesar de todo o lado positivo da madame, faltou do seu lado essa compreensão.

Será que se esta situação tivesse ocorrido atualmente a liderança teria uma atitude diferente? Espero que sim.

Essas histórias me assustavam, mas ao mesmo tempo me motivavam a buscar respeito e independência, como minha mãe sempre me ensinou.

Apesar de não ter passado pelas mesmas dificuldades que minhas tias, minha mãe enfrentou seus próprios desafios, como se sentir subestimada por ter deixado de trabalhar fora para cuidar das filhas e depender financeiramente do meu pai. Além disso, ela tinha que lidar com o temperamento difícil do meu pai, que muitas vezes descontava suas frustrações nela.

Um exemplo disso foi no dia do enterro da minha avó materna, quando meu pai quis antecipar o sepultamento para não se atrasar para o trabalho. Atitude que gerou revolta na família, já fragilizada com a perda.

Minha avó morreu jovem, vítima de um atropelamento. Atropelada por um motociclista quando voltava de uma birosca após comprar cigarros. Quando a gente dizia para ela parar de fumar e que o cigarro poderia lhe matar, ela dizia que iria morrer de outra coisa, que não fosse o cigarro. Ela tinha menos de 80 anos e dizia que era neta de indígenas, e que era por isso que tinha pouco pelos no corpo. Nunca chegamos a investigar.

Minha avó se lamentava quando via o sofrimento com violência doméstica de algumas filhas e de não seguirem o exemplo dela. Ela dizia que quando se casou com meu avô tinha dito a ele que se ele ousasse bater nela, era para ele bater de não deixar ela sair do chão, porque se ela tivesse forças e se levantasse, ele iria se arrepender.

Ela demonstrava uma força que impressionava, e que com certeza deve ter apoiado e inspirado na libertação de muitas tias daquelas situações de violência.

8. Pré-vestibular para negros e carentes

Naquela época, meu desejo de melhorar de vida era bastante simples e prático.

Por exemplo, eu queria ter um carro para poder levar minha mãe ao pronto-socorro quando ela não estivesse bem. Ou ter dinheiro para comprar um picolé só para mim. Ou, ainda, não passar por falta de água e energia elétrica.

Lembro-me de uma vez que saí para passear com uma prima que já tinha namorado, e o namorado comprou um picolé só para ela. Eu pensava que um dia também poderia comprar um só para mim.

Na região em que morava tinha instabilidade no fornecimento de água e energia com frequência. No meu aniversário de 15 anos, quando fizemos uma festa com minhas primas, meus padrinhos e alguns colegas do curso de segundo grau faltou energia. Tivemos que iniciar a celebração à luz de velas.

Porém, para alcançar meu sonho de passar no vestibular, me deparei com outros desafios.

No ano seguinte à conclusão do segundo grau, tentei o vestibular pela primeira vez, mas não fui aprovada. Minha pontuação foi muito baixa para conseguir uma vaga em uma faculdade pública, consequência da minha base de estudo dos anos escolares ser deficiente.

Certo dia, assistindo ao jornal RJ TV durante o almoço, mamãe viu uma reportagem sobre um curso preparatório para o vestibular voltado para jovens carentes.

Esse curso era liderado por um frei chamado David, religioso que tinha montado o projeto numa paróquia de São João de Meriti, chamado Pré-Vestibular para Negros e Carentes - PVNC.

O curso era ministrado por professores voluntários que davam aula de reforço para alunos negros e carentes. Junto com o curso frei David iniciou um movimento que também conseguia bolsas de estudo para cursos universitários em algumas faculdades particulares para quem passasse na prova de vestibular.

Mamãe tomou nota e me incentivou a procurar o projeto.

Semanas depois fomos até a igreja da reportagem, mas as vagas para o curso já estavam esgotadas. Lá nos indicaram fazer o mesmo curso em outra paróquia localizada em São Mateus, outro distrito da cidade de São João de Meriti.

Esse curso acontecia aos sábados, das 8h às 18h, e incluía aulas de todas as matérias que cairiam no vestibular, além de uma aula de cidadania. Confesso que até aquele momento não entendia muito bem o significado dessa palavra, cidadania.

Achava que tinha relação com as matérias de Educação Moral e Cívica e Organização Social e Política Brasileira – OSPB. Matérias que eu tinha estudado nos cursos de primeiro e segundo graus.

O fato é que o conteúdo que eu tinha retido dessas matérias era restrito a rituais cívicos, como as celebrações da Independência ou Proclamação da República, bem distante de entender o que eram direitos civis, políticos ou sociais.

Esta aula de cidadania abordava estes direitos, mas de forma mais ampla os direitos sociais como educação, e trazia o combate ao racismo e temas de valorização do povo negro.

Estou falando do ano de 1994.

Naquele tempo, eu reconhecia mais a discriminação pela condição social do que pela cor da pele. Seja por não poder frequentar lugares melhores como colégios ou restaurantes. Ou, ainda, quando minha mãe falava: "precisamos se arrumar direito para ir ao centro da cidade". Existia ainda alguns comentários que me chateavam, por exemplo "cabelo duro é mais bonito preso".

No entanto, isso mudou quando uma prima minha, que namorava

um rapaz branco de uma família branca, sofreu preconceito após um assalto, sendo discriminada por sua origem e cor da pele.

Minha família era uma mistura de pessoas pardas e pretas, e eu cresci cercada por essa diversidade. No entanto, a valorização da identidade negra e o combate ao racismo só começaram a fazer sentido para mim quando participei daquele curso de cidadania. Numa palestra Frei David falava para a gente não ter vergonha da cor, do cabelo, de tudo que era ligado ao povo negro, e, pelo contrário, deveríamos buscar a valorização.

Mas naquela época a sociedade ainda estava longe de reconhecer este valor e a existência de um racismo estrutural vigente. Naquela época não se tinha ainda a celebração do Dia da Consciência Negra, de 20 de novembro, só formalizado quase dez anos depois, em 2003.

Ainda assim, quando escrevo esse livro, se vê um longo caminho pela frente. Sim, reconheço que houve evolução, vejo isso por mim que a cada ano me questiono mais a respeito, faço o "teste do pescoço", reflito sobre o que me trouxe até aqui e o que nunca deveria ter sido admissível tipo: "Seu cabelo é duro" "Faz concurso público porque não se tem preocupação com a aparência" "a que nasceu de dia e a que nasceu a noite".

Olhando para trás vejo como eu tive sorte da minha mãe ter visto aquela reportagem, como tive apoio extraordinário desse projeto que me permitiu seguir adiante.

Esse curso, que mais tarde se tornou o movimento Educafro, foi fundamental para minha formação e para minha compreensão da importância da valorização da cultura negra. Apesar das dificuldades enfrentadas durante os estudos, como a falta de energia elétrica, a luta para cuidar do cabelo e os desafios familiares, consegui seguir em frente graças ao apoio desse projeto e à determinação da minha mãe em me ajudar.

Estudava em casa durante a semana e tirava dúvidas no curso de pré-vestibular aos sábados. O caminho até o curso era longo, cerca de 4 km, e muitas vezes eu levava apenas frutas para comer durante o dia. Nos últimos três meses antes do vestibular, meu pai pagou um cursinho preparatório em Nova Iguaçu, o que exigiu mais dedicação aos estudos e me afastou um pouco dos familiares.

Mas teve um fato que havia acelerado ainda mais este afastamento. Quando meu avô materno se mudou de Alagoas para o Rio. Minha avó materna que já morava no Rio, mas era separada dele desde antes de se mudar para o Rio, não queria mais voltar a morar com ele. Dos nove filhos que ele tinha, as duas filhas que tinham mais condições de acolhê-lo eram minha mãe e outra tia, também casada com irmão do meu pai.

E a divergência de onde ele deveria morar causou discussões e rompimento temporário das irmãs por alguns anos, afastando os primos do convívio. Senti muito este afastamento. Passamos a não visitar mais as casas, não participar mais dos encontros festivos de Natal ou Páscoa. Anos depois este convívio retornou, principalmente após a morte dos avós e amadurecimento de todos os envolvidos.

Tive pouca convivência com meu avô materno. Ele trabalhou na roça e era muito namorador. Foi por isso que minha avó na primeira oportunidade que os filhos migraram do Nordeste para o Sudeste veio também e deixou ele lá. Anos depois, idoso, e com saúde debilitada, ele também resolve vir ao encontro dos filhos.

Certo dia, quando vivia na casa da minha tia, ele desapareceu e ficou vários dias fora de casa. Minha mãe, desesperada, passava os dias procurando notícias dele pela vizinhança, e pelas ruas do bairro, chegando a ir em rádios locais para anunciar o desaparecimento. Ela dizia que ele tinha fugido de casa em função do desgosto da situação em que se encontrava. Depois de alguns dias um vizinho o encontrou, confundido com um morador de rua. Pouco tempo depois desse evento sua saúde foi se deteriorando-se não demorou muito para seu falecimento.

Minha mãe sofreu bastante com esta perda, com um sentimento de culpa de que podia ter feito mais por ele. Hoje tenho certeza de que ela fez o que podia, e até o que não podia, dentro das limitações dela.

Na época acho que ninguém da família tinha ideia do que era conviver com a complexidade de pessoas idosas e doentes. Nenhum deles tinha ajudado a cuidar de um idoso, conviver com suas novas manias e eventuais desgastes vindos com o avanço da idade.

Apesar das dificuldades, aprendi muito com essas experiências e reconheço a importância de aprender e valorizar minha origem e lutar contra o racismo em todas as suas formas.

9. Humildade, insistir e sempre contar com a ajuda de Deus

Confesso que nos últimos dois meses antes das provas do vestibular, eu só estudava.

Na verdade, eu decorava muito. Muitas vezes, sem entender completamente as contas ou suas fórmulas, recorria à repetição e à memorização.

Ao escolher o idioma para a prova, optei pelo espanhol, pois achava mais fácil de entender devido aos discos de Julio Iglesias que minha mãe possuía.

Durante as inscrições para as provas, havia a possibilidade de solicitar isenção da taxa de inscrição. Mamãe me acompanhou em todos os lugares para fazer o pedido de isenção. Lembro-me de pegarmos o ônibus 107 Central – URCA para pedir isenção para a prova da UniRio. Certa vez, ao perguntar ao cobrador se o ônibus passava na Avenida Pasteur, cometi um pequeno mico ao pronunciar errado o nome da rua, mas continuei em frente.

Outra coisa que mamãe sempre enfatizava era a importância da humildade, dizendo "com a humildade conseguimos tudo, minha filha".

Ela enfrentava filas em órgãos públicos para conseguir prioridade no atendimento médico, ou para conseguir um "passe escolar", um voucher para ter acesso ao ônibus para nos levar para escola. Mesmo recebendo uma negativa, ela insistia e muitas das vezes conseguia o seu objetivo.

Quando cresci, ela muitas vezes ia pedir emprego para mim. Na época não me lembro de existir currículo ou programa de menor aprendiz, mas se mamãe descobria uma empresa que poderia me contratar, ela lá ia pedir um emprego para a filha. Seja no portão de uma empresa farmacêutica famosa em Belford Roxo ou na portaria de uma fábrica de lápis famosa em Nova Iguaçu, ou, ainda, numa sapataria do bairro.

E, no pedido de isenção da taxa do vestibular não foi diferente. Ela sempre acreditava em mim e dizia para não desistir, que eu conseguiria. Mamãe era determinada e sua insistência deu resultado: consegui isenção em todas as inscrições de vestibulares que fiz.

No dia de fazer minha inscrição no vestibular da Universidade do Estado do Rio de Janeiro (UERJ), fiquei em dúvida se optava pelo curso de Matemática ou de Ciências Contábeis. Apesar de gostar de matemática, acabei escolhendo Ciências Contábeis, pensando que seria mais fácil conseguir um emprego na área.

Foi uma grande vitória para mim ser aprovada no vestibular e ainda ficar na lista de espera de outras universidades.

Passei para o curso de Ciências Contábeis da UERJ e, ainda fiquei na lista de aprovados que aguardavam uma desistência para os cursos de Economia na Universidade Federal Fluminense - UFF e na Universidade Federal do Rio de Janeiro – UFRJ.

Quando vi meu nome publicado no jornal Folha Dirigida com a lista dos aprovados na segunda chamada da UERJ, lembro de ter gritado muito de alegria. A expressão cunhada tempo depois na Copa de 1994 coube perfeita na minha história: é TETRA!!!!

Acho que esta foi a grande vitória que tive até então, que demonstrava que todas as derrotas e decepções que tinha vivido até essa data tinham sido ultrapassadas.

Após entrar na faculdade com 19 anos, muitas vezes me senti culpada por não retribuir o apoio que recebi do curso pré-vestibular e por ingressar na faculdade pública.

Comecei a trabalhar em uma imobiliária no centro do Rio, e a conciliação entre morar em Miguel Couto, trabalhar no Centro e estudar no Maracanã não deixava tempo livre. Passei a ter uma realidade muito parecida com aquela que temia enfrentar se tivesse ido trabalhar na empresa da madame.

Acredito que só consegui seguir em frente com o apoio dos meus pais e com fé. A fé foi fundamental na minha história.

Fui criada na igreja católica, frequentando as missas semanais e fazendo orações antes de dormir. Anualmente visitávamos a Igreja da Nossa Senhora da Penha, localizada no bairro da Penha, na zona norte do Rio para agradecer o que havíamos recebido no ano. Lá do alto da igreja tínhamos uma vista exuberante do Rio.

Do Cristo Redentor e Corcovado, do Aeroporto Internacional do Galeão, e também uma vista impactante dos complexos e comunidades a sua volta. Subíamos os quase 400 degraus da escadaria em dias de sol, ou de chuva. Fomos observando com o passar dos anos a dificuldade de mamãe que, de início, subia devagarzinho e depois precisou usar o recurso do bondinho.

Muitas vezes a urgência dos compromissos foram chegando na frente da ida a igreja. Apesar de não conseguir mais ir à igreja com frequência, a programação da Rádio Catedral do Rio de Janeiro e as pregações do padre Jonas Abib, da Canção Nova, me ajudaram a manter minha fé.

Celebrei minha aprovação no vestibular em um retiro espiritual de carnaval chamado Rio de Água Viva no Maracanãzinho, agradecendo a Deus esta vitória na minha vida e pedindo coragem e sabedoria para seguir adiante.

10. O começo de um novo trabalho: centro do Rio, cigarro e falecimentos

Comecei a trabalhar em uma nova imobiliária localizada na Rua México, na área da Cinelândia, próxima da Biblioteca Nacional, do Teatro Municipal e do Museu Nacional de Belas Artes.

Me senti incrível ao visitar a exposição das obras do escultor francês Auguste Rodin no Museu Nacional de Belas Artes. Apesar de não entender muito de artes, fiquei maravilhada e senti uma voz interna de incentivo que dizia"Não desista, você pode mais, veja o quanto ainda tem para explorar no mundo", inspirada nas palavras que mamãe e a madame compartilharam comigo.

Meu horário era das 8h da manhã às 17h45. Agora, eu alternava entre levar marmita e comprar algum hambúrguer nas barraquinhas da região, também conhecido como "podrão". Durante o horário do almoço, adorava ir à praça da Cinelândia para observar as pessoas e ouvir o barulho do metrô. Também utilizava o metrô para ir do escritório da imobiliária para a universidade.

A imobiliária era de propriedade de dois advogados, pai e filho. O filho tinha cabelos compridos e sempre se posicionava firmemente contra qualquer discriminação relacionada ao seu cabelo. Havia também uma gerente que adorava Roupa Nova e monopolizava o aparelho de som do escritório com músicas da banda. Ela realizou o sonho de andar de patins somente quando tinha mais de 40 anos, o que me inspirou a pensar que nunca é tarde para aprender algo novo.

Foi nessa época que experimentei várias coisas pela primeira vez, como ir ao McDonald's com um colega de trabalho e participar da primeira festa de fim de ano da empresa, organizada pela gerente em sua casa em Araruama, na Região dos Lagos.

Foi uma experiência cheia de aventuras que ficaram marcadas na minha memória.

Nesse período, percebi que a praia era um ambiente estranho para mim, pois havia ido poucas vezes durante minha infância. Acredito que o tempo de percurso de mais de duas horas de casa até uma praia no Rio era mais que justificativa para este distanciamento.

Na imobiliária, eu lidava com os inquilinos e locadores, alguns dos quais eram muito generosos, trazendo gorjetas ou chocolates no final do ano.

A imobiliária era pequena, com cerca de 20 pessoas, das quais 18 eram fumantes. Por conviver com eles, acabei sendo considerada fumante também. Na sala em que eu trabalhava, duas pessoas fumavam atrás de mim. Durante o almoço, alguns colegas dormiam nos corredores do prédio.

Tínhamos um despachante homossexual e com uma deficiência na perna, muito comunicativo e respeitado por todos. Ele ficou doente, faltou ao trabalho por três meses e, quando retornou, estava visivelmente debilitado. Pouco tempo depois, veio a falecer, provavelmente devido à AIDS, embora ninguém confirmasse.

Em um período de seis meses após sua morte, outro colega, um office-boy menor de idade, também veio a falecer, possivelmente devido a um erro médico após um procedimento no pronto-socorro. A perda desses dois colegas de trabalho, de formas tão distintas, me deixou impressionada por um bom tempo.

Naquele ano, a imobiliária havia contratado uma apólice de seguro de vida coletivo, que foi usada para ajudar as famílias dos dois colegas falecidos. Apesar de já ter enfrentado perdas na família, a forma como esses dois colegas se foram me impactou profundamente.

11. O começo da faculdade

As minhas aulas começaram no segundo semestre daquele ano.

Foi uma grande emoção entrar naquele campus universitário da UERJ, grande e cinza, com seu edifício composto por amplas rampas e um auditório em formato de concha, chamado Concha Acústica.

No campus havia também algumas lanchonetes que vendiam o famoso salgado conhecido como joelho, muito apreciado no Rio. Lembrei-me do joelho do bar chinês pé sujo do calçadão de Nova Iguaçu, onde costumava ir com minha mãe quando criança.

Foi no primeiro semestre da faculdade que descobri que precisava usar óculos, pois não conseguia assistir às aulas se não estivesse na primeira fileira da sala. Realizei meu primeiro exame oftalmológico, que diagnosticou miopia nos dois olhos.

No início, me senti um pouco deslocada, mas logo fiz amizade com três colegas da turma, dois rapazes e uma moça, que também pegavam o trem na estação Mangueira, ramal Japeri. Íamos juntos para a estação quando as aulas terminavam, por volta das 22h20.

O caminho até a estação do trem era um pouco assustador com situações como brigas e venda de drogas no trajeto, e pouco iluminado. Além disso tinha situações como trens chegando à estação com as luzes apagadas que eram especialmente desconfortáveis, pois me faziam sentir medo de ser furtada ou de ser alvo de assédio.

Neste cenário era reconfortante fazer amizade com colegas de turma para retornar juntos. Mesmo assim, eles desciam em estações anteriores à minha, e eu descia na décima-primeira estação, a de Nova Iguaçu. No centro de Nova Iguaçu, pegava um ônibus e descia no ponto próximo da minha casa por volta da meia-noite e meia.

Minha mãe e minha irmã, munidas de uma varinha para proteção contra cachorros, estavam sempre lá para me receber.

O ponto de ônibus tinha um bar pé sujo, com uma máquina jukebox que, na maioria das vezes, tocava a música "É o amor" do Zezé Di Camargo e Luciano no exato momento em que eu descia do ônibus. E era um momento de amor e cuidado da minha mãe, que me esperava,e que tinha deixado preparada uma comida gostosa em casa para quando eu chegasse.

Três meses após o início das aulas, um dos advogados donos do escritório percebeu meu desgaste por ter que voltar tarde do curso e acordar cedo para chegar ao trabalho. Ele autorizou-me a entrar mais tarde, às 9h30, em vez das 8h, o que me beneficiou com uma hora adicional de sono. Esse gesto humano e de apoio foi fundamental para que eu continuasse estudando.

Com o passar dos anos, percebi cada vez mais o poder de uma rede de apoio. Minha família, meus colegas de trem e esse gesto do dono do escritório foram essenciais para o meu sucesso acadêmico.

Agradeço profundamente por esse apoio, e sinto uma certa dívida por não ter avisado quando consegui uma vaga em uma residência universitária mais próxima ao trabalho. Foi nesse momento que minha jornada tomou um rumo que marcou profundamente minha vida.

12. O começo de uma nova era: RUF - Residência Universitária Feminina

Me lembro chegando ao fim do primeiro semestre na UERJ e vendo um anúncio no mural sobre o processo seletivo para um local de moradia. Tinha a indicação "Residência Universitária Feminina – RUF, na URCA, vagas abertas".

Sem hesitar, anotei o telefone e endereço, pois era uma oportunidade de morar mais perto do trabalho e da faculdade. Naquele momento, já sabia que a URCA ficava próxima da Av. Pasteur, cujo nome eu não sabia pronunciar no passado.

Compareci à entrevista do processo seletivo no dia e horário agendados. Fui entrevistada por um grupo de estudantes mulheres, em um quartinho nos fundos da casa.

Expliquei o desafio da distância de onde morava e a necessidade de morar mais perto para não desistir da faculdade.

Encontrei histórias semelhantes à minha entre as entrevistadoras, em que a residência foi um recurso importante para enfrentar a distância ou necessidades financeiras em busca de uma vida melhor.

Para minha felicidade, fui aprovada por elas para morar naquela residência.

A Residência Universitária Feminina - RUF era um sobrado com uma edícula aos fundos. Tinha 4 quartos no piso superior, 2 quartos no piso inferior e mais 2 na edícula, que podiam ser compartilhados por duas ou três meninas por quarto. Além disso, havia cozinha, sala de refeições, três banheiros, sala de estudos e um tanque para lavar roupa. Vinte e duas mulheres moravam na casa, doada pela poetisa Anna Amelia à Fundação Casa do Estudante do Brasil.

A fundação custeava os gastos com energia, água e produtos de limpeza, embora, às vezes, houvesse atrasos na entrega desses produtos, e o grupo mantinha um fundo fixo para gastos emergenciais, formado por contribuições mensais das moradoras.

Morar embaixo do Pão de Açúcar, protegido pelo Forte da Praia Vermelha e ao lado da pista de corrida Claudio Coutinho, com a mureta da URCA como vizinha, era algo extraordinário para mim.

Além disso, tínhamos vizinhos ilustres, como Roberto Carlos, que nunca vi, mas algumas colegas "rufianas" diziam já ter visto.

Agora, eu pegava apenas um ônibus para ir trabalhar e, na volta da faculdade, duas conduções: o metrô até a estação Botafogo e outro ônibus (linhas 107, 511 ou 512 na época) até a residência.

Apesar de ter convivido com grupos na escola, nos primeiros locais de trabalho e depois na faculdade, foi na residência universitária que estabeleci as bases mais sólidas de relacionamentos interpessoais.

Dividíamos tarefas e responsabilidades, como limpeza dos banheiros, cozinha e jardim, além do grupo responsável por participar das reuniões mensais da associação de moradores do bairro. Apesar de alguns olhares tortos da associação para as representantes da residência, nossa convivência era pacífica.

Na residência tinha estudantes de diferentes especialidades tais como Enfermagem, Artes Cênicas, Ciências Sociais, Direito etc., e, ainda, de diferentes faculdades.

Além da UERJ, tinha meninas que estudavam na UFRJ, Uni-Rio, PUC-Rio, entre outras. A regra de permanência na casa era até concluir o curso universitário.

Na RUF, fiz grandes amigas e referências que me acompanharam ao longo da jornada.

No meu quarto, éramos três meninas. Quem chegava por último, neste caso eu, dormia na parte de cima do beliche. A mais antiga tinha direito à cama de solteiro individual, mas ela gentilmente a cedeu para nossa colega, que às vezes trazia seu filho pequeno para passar o final de semana na residência.

Durante a permanência vivi muitas histórias, incluindo algumas chatas e engraçadas.

Nos primeiros meses, quando eu chegava da faculdade preparava para jantar um mingau de farinha láctea com leite em pó. Após enjoar do mingau, parti para o "miojo" básico de cada dia. Mas depois de um tempo algumas meninas da casa que cozinhavam muito bem me chamaram para jantar junto e eu ajudava com algum mantimento ou lavando a louça mesmo.

Quando se chegava a alguma situação de divergência da convivência, eram agendadas reuniões para discussão e solução do problema. Por exemplo, quando o nível de sujeira estava insustentável, ou a instituição não tinha enviado produtos de limpeza. Essas reuniões sempre ocorriam após as 23h para dá tempo de todas terem chegado após as aulas.

Numa dessas reuniões me candidatei a tesoureira e fui aprovada. Meu papel era cuidar da "caixinha" para despesas extraordinárias que não fossem suportadas pela Fundação. Fui aprovada para o papel talvez por cursar Ciências Contábeis, e porque ninguém queria ficar com a responsabilidade dessa gestão que dava dor de cabeça quando se tinha gastos e não se tinha dinheiro.

Eu ia para a casa dos meus pais todo fim de semana. Ia sábado de manhã e voltava domingo à noite. Muitas pessoas me diziam "fica mais nos finais de semana na RUF, não é sempre que a gente vai morar na URCA". Por outro lado, na casa da família eu tinha meus pais e a máquina de lavar roupa. Eu levava as roupas sujas e trazia as limpas.

Não tinha muito espaço para guardar roupas na residência universitária. Meu espaço no guarda-roupa era a metade da metade de um guarda-roupa pequeno, 2 x 2,5.

Posso dizer que fiz um treino intensivo de organização de espaço, ou melhor, treino da organização da bagunça no pouco espaço.

Foi na RUF que me conscientizei do meu analfabetismo político. As meninas, principalmente graduandas de Serviço Social, tinham conhecimento amplo e compartilhavam visões sociais e políticas e seus efeitos na sociedade que estávamos inseridas.

Na época passava a novela "Xica da Silva" e o pessoal se juntava num dos quartos para assistir, e discutir, seja das cenas da novela, de questões políticas, de reportagens da revista Raça, do que fazer ou não fazer no ambiente de trabalho.

E, é claro, também havia as fofocas e os comentários da convivência de 22 mulheres num mesmo ambiente.

Lembro-me de um evento que foi descobrir quem era a maior provocadora do entupimento dos ralos dos banheiros. Outro evento foi a elaboração de um plano para descobrir quem era a menina que furtava água gelada das geladeiras. Foi feita uma armadilha com o enchimento da maioria das garrafas de água da geladeira com água do mar poluída da praia da Urca e, durante a madrugada, a meliante foi descoberta ao reclamar de ter bebido água salgada.

Gratidão àquelas meninas "rufianas" que me aprovaram, me acolheram, e permitiram seguir minha jornada.

13. Buscando um lugar no mundo: sonho de trabalhar numa Big Six

Nessa época, tomada de muita coragem, me envolvi num movimento de representação de classe.

Fiz um abaixo-assinado para entregar à sub-reitoria de graduação, pedindo ajuda da universidade para acessar computadores e internet do Instituto de Matemática e Estatística.

Naquela época, somente os graduandos de alguns cursos como matemática, estatística ou informática é que podiam utilizar o laboratório de informática da universidade.

Meu argumento era que levassem em consideração a dificuldade financeira de muitos graduandos como eu, que não tinham acesso a tais recursos e precisávamos elaborar os trabalhos acadêmicos. Consegui 33 assinaturas, mas não obtive o atendimento do pleito.

Meu pai, vendo minha necessidade, conseguiu no final daquele ano me dar um computador e uma impressora matricial.

Mais uma vez, gratidão a este homem que, apesar do pouco estudo que tinha, enxergava a importância daquele recurso para o desenvolvimento das filhas.

E foi nesse período que comecei a ter um sonho, trabalhar numa Big Six.

Assim eram chamadas as principais empresas internacionais de consultoria e auditoria na época.

Um dos meus professores de uma das matérias de contabilidade trabalhava numa dessas grandes empresas. Ele era baixinho e lembrava muito o jeito do jogador Romário de andar. Na faculdade, ele sempre estava rodeado de alunos "pica-paus" que já trabalhavam nessas consultorias. Na faculdade alguns colegas usavam essa expressão "pica-paus" para chamar os trainees que trabalhavam nessas consultorias.

Na minha turma da faculdade, éramos 45 alunos, 40 homens e 5 mulheres. E havia 3 homens e 1 mulher que já trabalhavam nesse tipo de empresa.

Normalmente, quem trabalhava lá vestia preto. blazer, calça ou vestido tubinho pretos. A sede dessa empresa no Rio ficava próxima de onde eu trabalhava, na Rua México. Eu ia para frente do prédio visualizar como seria trabalhar ali.

Às vezes, entrava numa igreja próxima de lá, e fazia uma prece para isso. Fiz duas vezes inscrição para processos seletivos dessas Big Six, mas sem sucesso de ser chamada para a primeira fase.

Finalmente, na terceira vez que fiz a inscrição, me chamaram para seguir no processo seletivo. Estive na sede deles para fase com dinâmica e provas de lógica e idioma e fiquei maravilhada com a possibilidade de trabalhar ali.

Dias depois, recebi a informação de que tinha sido reprovada pelo inglês.

Tentei outras vezes participar do processo seletivo nessas consultorias e não fui adiante nas etapas de seleção.

De verdade, não sei se foi só o inglês que me reprovou naquele processo. Durante um bom tempo, tive dúvidas. Será mesmo que não foi aprovada apenas por não acertar os testes? Será que foi o cheiro do cigarro na roupa que fez as pessoas entenderem que eu não me adequava ao fit cultural corporativo que pediam?

Tinha o fato de que na época, as meninas que trabalhavam nessas Big Six tinham um estereótipo de menina com pele branca, bem-vestida, ou do tipo "patricinha".

Hoje, quando vejo processos de trainees e estágios sendo mais inclusivos, fico feliz que as pessoas tenham oportunidades que talvez, por vieses inconscientes de gestores e recrutadores, eu não tive nessa época.

Diversas vezes, pensava: será que falei pouco para o mundo que eu queria ir para uma Big Six? Será que era muito introvertida? Mas depois concluí que não. Eu era um "ator isolado" diante de um sistema estabelecido que até hoje precisa de ações afirmativas para permitir maior equidade e inclusão.

14. Lidando com perdas de pessoas queridas

Morar na RUF me ajudou a desenvolver o relacionamento interpessoal. E, sem dúvida, minha mãe, também.

Mamãe dizia "quem tem boca vai a Roma". Não sei se Mamãe seria hoje uma pessoa popular das redes sociais, mas ela era aquela pessoa que se conecta com o outro e mantém uma relação de respeito, afeto e parceria. De se colocar à disposição para ajudar, de fazer um bolo ou torta e lembrar de separar um pedaço para dar. Ela não era de receber muita gente em casa. Mas tínhamos alguns vizinhos amigos que frequentavam nossa casa.

Algumas vezes no ano mamãe gostava de receber para comer pizza ou celebrar algum aniversário. Uma das vizinhas tinha restrição alimentar e ela dizia "vou preparar uma panqueca de banana para ela que é mais leve e ela vai poder comer".

Mamãe era da época de guardar a melhor louça e arrumar bem a casa para receber a visita. Comentava que fazia isso lembrando do que ela tinha aprendido nas casas das madames.

Diferente de receber visita em casa que tínhamos menor frequência, atender pessoas no portão de casa era algo frequente. O portão era vazado, quem estava de fora via quem estava dentro. Mamãe às vezes dizia "não posso passar em frente daquele portão que alguém vai me chamar". Podia ser alguém pedindo um favor, o empréstimo ou devolução de alguma ferramenta emprestada. Ou apenas para saber como tudo estava, ou até uma fofoca.

E ela tinha as amizades mais variadas. Com evangélicos, espíritas ou os praticantes do candomblé. Ela tratava todos com muito respeito e não fazia distinção por ser católica. Os relacionamentos com aqueles vizinhos tiveram muita influência em nossas vidas.

Anos depois comentava com minha irmã sobre "os personagens da nossa infância que estavam nos deixando". À medida que estes vizinhos amigos foram indo embora, se mudando, e em sua maioria falecendo, foram nos deixando um grande vazio. As primeiras partidas foram quase inconcebíveis.

Uma dessas vizinhas se tornou uma tia de coração que chamávamos de tia Maria pretinha, flamenguista de coração. Depois de trabalhar muitos anos em casa de família, ou seja, das madames, tinha se aposentado e estava construindo uma nova casa. Ela levava minha irmã e eu para passar à tarde com ela. Fazia batata frita e brincava sentada no tapete com a gente. Foi na sua casa que conheci o brinquedo Lego. Ela tinha três filhos já adultos.

Tinha pendurada a bandeira do seu time favorito num grande bambu. Acompanhava o jogo pelo radinho de pilha e quando Flamengo fazia gol, saia segurando o bambu e balançando a bandeira no meio da nossa rua. Não tenho dúvidas que a principal influência de eu ser torcedora do Flamengo foi dela.

No meu aniversário de 9 anos fizemos uma festa em casa com direito a muito forró como trilha sonora. A celebração foi num domingo que chovia bastante, mas só a família e os amigos vizinhos encheram a casa. Essa tia, minha madrinha, e mamãe organizaram tudo. Eu fiquei muito feliz, pois foi minha primeira festa de aniversário, com convidados em casa. Não tinha tema, mas tinha bolo de chocolate que eu adorava e balas de coco que foram embaladas cuidadosamente dias antes da festa. Essa tia preparou também o doce que eu adorava, o cajuzinho. Ela fez dois pratos, sendo que um deles já reservado para deixar guardado para comer após a festa.

A festa começou cedo e por volta das dez horas da noite quase todos os convidados já tinham ido embora. Estávamos na mesa conversando, rindo, de repente minha tia começou a passar mal. Ela estava tendo um AVC. Com dificuldade conseguiu-se um carro para levá-la ao hospital e no dia seguinte ela faleceu.

Fiquei muito impressionada com aquela perda. Lembro de ficar com aquela imagem dela passando mal na nossa frente por vários dias.

Não tive coragem de comer os cajuzinhos que ela tinha feito e fiquei um bom tempo na minha vida sem conseguir comer. E hoje, mesmo depois de tantos anos, quando provo um cajuzinho eu lembro dela.

15. Mamãe: humildade, determinação e meu pai preso

Certa vez, meu pai e mamãe combinaram de irmos à praia do Flamengo num domingo.

Ele trabalharia à noite, de sábado para domingo, e nos encontraríamos próximo ao seu trabalho em São Cristóvão, na estação de trem. Ele sairia andando da Av. São Luiz Gonzaga e andaria até a estação de trem. Minha mãe nos levaria até lá e o horário marcado para o encontro era por volta das 8h da manhã. De lá iríamos de condução até a praia.

Mamãe se levantou antes das 6h para deixar tudo organizado para irmos, incluindo o preparo do lanchinho tradicional de pão de forma.

Quando estávamos para sair, começou a ameaçar uma chuva e mamãe ficou com muito medo e decidiu não ir. Ela teve medo de sair conosco, medo que a chuva ficasse mais forte e como conseguiria dar conta com as duas filhas pequenas. Não tínhamos telefone para nos comunicar com meu pai.

Após algumas horas, a chuva cessou, as nuvens se foram e abriu um lindo dia de sol. Horas depois, meu pai chegou em casa. Tinha ficado esperando a gente bastante tempo e tinha desistido porque imaginou que algo não tinha saído como o combinado. Meu pai mostrou vários copos descartáveis com Ksuco, um suco instantâneo que ele tinha feito e deixado congelar no freezer do trabalho para a gente consumir na praia.

Eu lembro de na época ter ficado muito frustrada de não ter feito o passeio.

Tempos depois eu lembrava dessa situação e questionava a falta de coragem da minha mãe. Questionava o porquê de ela, mesmo com medo da chuva, não ter ido.

Olhava para a situação pensando que foi uma oportunidade de fazer algo legal juntos que a gente não teve.

Hoje vejo que meu questionamento foi pura covardia da minha parte. Covardia questionar aquela mulher por não ter saído com duas crianças pequenas, sendo que uma iria no colo, com um guarda-chuva, e que enfrentaria duas conduções.

Ainda assim, com o passar dos anos, sempre que via situações semelhantes de colocar em risco um passeio, eu lembrava dessa situação e pensava que, mesmo com alguma dificuldade, talvez fosse uma oportunidade legal e buscava coragem para fazer.

Outra vez, era época da hiperinflação e um período de falta de alimentos. Entre os alimentos que faltavam nas prateleiras estava o leite. O leite era quase que "sagrado", não só para minha irmã que ainda tomava mamadeira, mas era adotado quando meu pai ou um tio passavam mal com o cheiro forte de tinta quando estavam pintando algum muro.

Para conseguir comprar o leite do mês era preciso chegar bem cedo no mercado.

Meu pai saiu de casa por volta das 6h para comprar o leite. Ele deveria ficar na fila que se formava antes da abertura do estabelecimento que costumava abrir por volta das 7h. E, uma vez feita a compra, ele deveria no máximo em uma hora estar de volta em casa.

Já passava das 10h e meu pai não tinha voltado. Mamãe estava bem preocupada.

Eis que chega em nossa casa um primo dizendo que teve uma confusão na abertura do mercado e explicando o que tinha acontecido.

As pessoas invadiram para pegar os alimentos e meu pai, na busca para pegar algumas caixas de leite, saiu no braço com um funcionário do mercado. Na luta, quebraram o vidro de um balcão e a polícia foi chamada.

Meu pai foi levado preso para a delegacia. Mamãe nos deixou na casa de uma tia e se dirigiu para a delegacia, levando a carteira de trabalho do meu pai. Na delegacia encontrou meu pai preso numa cela. Ela disse que ao chegar pediu para conversar com o delegado. Até hoje lembro com detalhes seu relato sobre o que ela tinha conversado com este policial responsável.

Ela disse "olha estamos numa situação de falta de alimentos e meu marido não foi roubar, ele foi comprar leite para nossas filhas". E continuou: "Ele é trabalhador, aqui está sua carteira de trabalho. Ele trabalha há mais de dez anos numa firma. E por onde trabalhou nunca se envolveu em nada de errado. Apesar de todos os problemas que possamos ter passado, com injustiça, não ter o que comer, nunca ele cometeu algo errado, ele não é digno de estar nesse xilindró".

Ela disse que o delegado a ouviu atentamente e resolveu liberar meu pai, mas com a condição de que ele teria que ajudar a pagar o conserto do vidro do balcão quebrado do mercado.

Na sequência que liberou meu pai, o delegado disse, segundo minha mãe, "duas palavras". A primeira palavra foi na verdade um alerta. O delegado disse que nesse mundo o valente só tem dois destinos: a cadeia ou o cemitério. A segunda palavra foi que ele, meu pai, deveria agradecer por ter aquela esposa que foi em sua defesa.

Bem, o que eu trouxe disso para minha vida? O medo de me envolver em brigas e ser penalizada por isso? Não estivemos lá para ver quem começou a briga, e se meu pai tinha de fato a maior culpa por ter quebrado o vidro, por ter sido o único a ser preso. Me perguntava anos depois por que o funcionário do mercado não foi responsabilizado também.

Por outro lado, conhecendo meu pai, acho que ele não era de levar desaforo para casa e pode ter adotado alguma forma não adequada de agir, tipo ter mandado alguém para "aquele" lugar, por exemplo.

Anos depois, refletindo sobre esta situação, fui tentando entender o que eu tinha aprendido com ela e porque muito pouco eu falava dela. Por exemplo, fui compartilhar esta situação com meu marido só quando estava escrevendo este livro.

Pensei que talvez fosse por ter alguma vergonha, mas logo constatei que não.

O fato é que hoje tenho clareza de que a situação trouxe para mim um símbolo muito forte do que sempre carreguei comigo que é o grande orgulho que tenho dessa mulher admirável que foi minha querida mãe.

Uma mulher que diante de uma situação que ela nunca tinha se deparado, de uma adversidade, ela foi usar os recursos que tinha. Mesmo não sabendo por onde começar, mas com a clareza de que tinha algo para resolver, e estava ali para resolver.

Este livro é da minha história, que foi guiada pelas histórias dela. E cada vez mais se confirma sua influência de humildade e determinação em minha vida.

16. Da rejeição de uma Big Six a um concurso público

Após a reprovação no processo para trabalhar numa consultoria "Big Six", meu pensamento continuou baseado no "seguir em frente". O objetivo era conseguir um emprego com uma remuneração melhor e que não levasse em consideração apenas a boa aparência e/ou a fluência no inglês, o que me fez buscar o concurso público.

Mamãe, mesmo com pouco estudo, repetia que quem passava num concurso público havia chegado ali pelo mérito do estudo, e me incentivou bastante a ir nessa direção.

Na época, tive uma prima recém-aprovada num concurso para professora do Estado e foi então que comecei a estudar para concursos de nível médio, como os organizados pelo Banco do Brasil, Caixa Econômica Federal e pela Telerj, antiga empresa de telecomunicações. Me inscrevi no concurso da última, que no futuro veio a ser privatizada.

Quando saiu a data da prova do concurso, meus pais estavam com viagem marcada para visitar a família em Arapiraca para o batizado da filha de um sobrinho. Minha mãe não pensou duas vezes. Ela desistiu de viajar com meu pai e colocou minha irmã para ir no lugar dela e batizar a menina porque queria ficar comigo para me apoiar.

Lembro-me de eu dizer para ela: "mãe, a senhora não vai estudar por mim". Mesmo assim, ela insistiu em ficar para, de alguma forma, me apoiar a fazer aquela prova.

Eu fiz a prova, passei no concurso e fui chamada. Em um dia 14 de abril, assinei o contrato de trabalho. Não sei quem estava mais feliz, eu ou minha mãe.

Para mamãe, trabalhar numa companhia grande, que cuidava de um serviço tão importante como o propiciado pelo telefone, era motivo de orgulho.

Minha função era agente de relacionamento e fui alocada na área que fazia atendimento ao cliente do serviço prestado. Em função da expansão do serviço e do aumento do volume de atendimento, os novos colaboradores concursados foram alocados na central de relacionamento, uma área recém-criada na empresa.

Eu estava numa turma de aproximadamente 10 pessoas concursadas admitidas.

Formamos um vínculo forte por termos sido admitidas na mesma época na companhia. Fui admitida no ano da privatização do Sistema Telebrás, quando a perspectiva de crescimento do setor e das oportunidades de trabalho era mencionada nos noticiários de TV e nos corredores da empresa. Eu visualizava que ia crescer ali.

Fui trabalhar na Tijuca, num prédio encostado numa pedra enorme, na Rua Almirante Cochrane. Prédio novo, recém-construído e com um lindo jardim. E ainda, o prédio tinha uma maravilhosa máquina com chocolate, café com leite, café, chá. Tudo isso era extraordinário para mim.

Eu tinha vários benefícios, entre eles o vale refeição, no valor facial de R$ 5,45, que dava para comprar o lanche número um do McDonald's e ainda sobrava troco. Tinha também o vale-alimentação, que eu deixava com minha mãe para fazer compras de mercado. E com o saldo do vale refeição eu ainda conseguia usar num mercadinho da Urca e lá podia comprar comida e CDs de músicas.

Sinceramente, comparei a evolução da minha carreira naquele momento com a vida do meu pai. A evolução dele era de cortador de cana de açúcar para o emprego na empresa da madame. Eu, com a evolução de uma trabalhadora de uma pequena imobiliária para uma sociedade anônima. Tive muita gratidão por isso.

17. Nova área, novos ares: atendimento ao público, exemplos de liderança e aprendizados

O serviço de atendimento ao cliente, também conhecido como contact center naquela época, ainda tinha muito que evoluir.

Eu e os demais colegas atendíamos os clientes com telefone, sem headset.

Tínhamos uma apostila em papel com procedimentos e não exatamente scripts de atendimento. Tínhamos um treinamento do serviço, mas não um treinamento de como atender o cliente.

Mesmo sem todos os recursos necessários, o time tinha formado uma clara intenção de ajudar e resolver o problema de quem estava do outro lado da linha. Apesar de que muitas vezes o sistema limitado da época não deixava problemas técnicos serem facilmente resolvidos. Tinha um colega que externalizava isso para o cliente:" senhor, eu quero muito lhe ajudar, mas não nos dão meios". Algo altamente não recomendável de se falar ao cliente. Mas quando se conseguia resolver, nos dava muita satisfação.

Os atendimentos, em sua maioria, eram relacionados a problemas de cobrança ou cobertura técnica do serviço. Eu comecei atuando nesta área, mas queria fazer outras coisas.

Não tinha claro até então como conseguir me aproximar das áreas mais próximas ao que eu cursava na faculdade, mas consegui identificar duas áreas que eu queria trabalhar. Uma área era o segundo nível de atendimento que resolvia problemas técnicos. A outra área eram as lojas que faziam atendimento do cliente de forma presencial.

Quem trabalhava na loja usava uniforme e ele era lindo. Vestido, saia e calça no tom azul, camisa no tom pérola. O uniforme dava uma praticidade incrível de não precisar de muita variedade de roupa para trabalhar e ir para a faculdade. E eu ainda ficava mais parecida com as garotas "pica-pau" que trabalhavam nas consultorias e auditorias Big Six da época.

Aos poucos, foi crescendo um movimento entre os recém-concursados, via as conversas de corredor, com a insatisfação de estar fazendo atendimento ao invés de outra atividade. Até que um dia houve um motim e a gerente da área chamou todos para conversar. Deu uma chamada na gente para "parar de reclamar" e se alguém estivesse insatisfeito que levantasse a mão que ela iria enviar para outro setor.

Eu fui a que levantou a mão e fui destinada a trabalhar na loja da Almirante Cochrane. Um mês depois, os demais concursados foram trabalhar na área do segundo nível de atendimento.

Senti duas dores no coração. A primeira quando fui sozinha para trabalhar na loja. E a segunda quando os demais foram transferidos. Eles pareciam que tinham subido de função. Eu, na loja, passei a depender deles para resolver algum problema técnico do cliente.

Fui para a nova área arrependida de ter levantado a minha mão quando a gerente questionou. Fui com medo e com alguns aprendizados. O aprendizado de observar mais o ambiente antes de me pronunciar e investir em conhecer melhor com quem se conectar. Hoje entendo que tomei a decisão que eu tinha com os recursos que eu tinha, e está tudo bem.

No ano seguinte, 1998, ano de Copa do Mundo, eu comecei a ser alocada para trabalhar em diferentes projetos. Isso foi me deixando mais à vontade e confiante de que tinha tomado a melhor decisão e ter sido transferida para a área comercial.

Fui incluída no projeto de divulgação do serviço móvel celular. O projeto era o teste de uma nova tecnologia nos aparelhos GSM - Global System for Mobile Communication (ou Sistema Global para Comunicação Móvel, em tradução livre), também conhecido como 2G. A divulgação ocorria em lugares inusitados como a praia da

Barra da Tijuca ou em churrascarias da mesma região. Eu fazia parte de um grupo que oferecia o celular para os clientes fazerem ligações e degustarem o serviço.

Também fazia atendimento aos sábados na loja da Av. Almirante. Cochrane para atender os plantões de fornecimento de linhas celulares, uma das primeiras ações de elevado volume de oferta de linhas celulares que começaram a ocorrer no Brasil.

Nestes eventos, cheguei a atender algumas celebridades. Por exemplo, lembro-me de atender um político famoso, dizendo em um plantão de atendimento "que bom que a população de baixa renda está tendo acesso às linhas celulares". Eu discordei totalmente, mas não falei. Vamos combinar que no final da década de 1990 o acesso a celulares continuava sendo limitado para a maior parte da população, ainda mais a população de baixa renda.

Naquela época, cometi uma falha: deixei o celular da empresa no bolso da calça e o aparelho caiu no vaso quando fui usar o banheiro. Sem nojo, meti a mão na água suja do vaso e resgatei o aparelho. Lavei e fui contar para minha chefe o ocorrido.

Já foi passando pela cabeça como iria fazer para comprar um novo aparelho porque ele ainda não estava sendo vendido no mercado, e até pensei na possibilidade de ser mandada embora por uma falta grave. Mas ela gentilmente disse que este tipo de coisa podia acontecer com qualquer um: "Vamos fazer uma solicitação do outro aparelho e da próxima vez nada de colocar telefone no bolso, tá, Jacque?". Me senti aliviada e fiquei muito agradecida.

Minha chefe tinha um astral ímpar. Ex-telefonista, uma profissional que atendia com foco e simpatia. Era alegre e grande motivadora do time. Uma pena que nos deixou muito cedo. Assim como ela, existiam algumas atendentes oriundas de centrais de atendimento antigas e que tinham migrado para trabalharem nas lojas. Em sua maioria, eram mulheres de faixa etária a partir de 40 e 50 anos que tinham um jeito muito caloroso de atender. Elas atendiam com brilho no olhar, carinho e humanidade. Não tenho dúvida que foram exemplo de atendimento e vigor para mim.

18. Da área comercial para finanças: aprendizados com profissionais maduros

Depois de um tempo, fui trabalhar numa gerência que cuidava dos processos de locação de linhas e aparelhos celulares em eventos. A nova atividade era bem familiar, pois eu já tinha trabalhado com locação de imóveis. Apoiava no processo de preparação e, durante o evento, atendia os clientes.

Participei de eventos como a corrida da Fórmula Indy, ainda no Rio, ou a feira nacional dos supermercados, e também na oferta gratuita de serviço para os moradores prejudicados com a queda do prédio Palace II na Barra da Tijuca.

Eu estava no terceiro ano de faculdade e me preocupava de não estar atuando na minha área de formação, Ciências Contábeis. Tomei coragem e perguntei para minha chefe se haveria possibilidade de mudar para algum time de finanças. E, mais uma vez, ela me apoiou.

De forma muito gentil, ela me apresentou ao líder responsável por finanças, fazendo recomendação do meu trabalho e da minha vontade de crescer. Este responsável por finanças foi quem me ajudaria mais tarde a tomar uma das decisões mais importantes da minha carreira.

No mês seguinte, fui alocada num dos times de finanças e ali comecei a me relacionar com um novo mundo de pessoas.

Na área de finanças, eu fiquei no time de contas a pagar, e comecei fazendo conciliação bancária, finalmente atuando na área da minha formação universitária.

Eu estava feliz, mas confesso que sentia falta do glamour da época em que atuava no atendimento comercial. Sentia falta da participação nos eventos corporativos e até de coisas simples como o cliente que te agradece e te dá um mimo.

Por outro lado, este novo ambiente proporcionava convivência ainda mais interessante com profissionais maduros.

As novas áreas criadas recebiam muitos profissionais já aposentados que tinham saído e foram trazidos para apoiar o início da nova operação e estruturar áreas como finanças e recursos humanos.

E eu comecei a perceber os efeitos desse ambiente com pessoas mais maduras. Um ambiente com leveza, e com pessoas com muita disposição e paciência para explicar.

Diferente dos outros locais que tinha muita gente jovem e recém-chegada na empresa, por mais que o ambiente fosse agradável, de certa forma tínhamos uma concorrência no ar. Já neste novo ambiente não percebi mais isso. Os colegas de trabalho tinham uma disposição de passar explicação cuidadosa de um processo de trabalho com dicas para melhor resultado baseado na experiência que já tinham.

Outro efeito é que era um ambiente com leveza que sempre tinha um churrasco ou uma festa pós-trabalho para ir.

Lembro-me de uma festa junina em que realizei meu sonho de ser a noiva. Tantas vezes quis ser a noiva nas festas juninas da época de escola e era sempre preterida porque achavam um "rostinho mais bonito", mais aderente que o meu para o evento. Nessas festas da área de finanças era uma enxurrada de diversão e de aprendizado.

Muitos daqueles profissionais já tinham os filhos criados. Alguns já com netos e com uma situação financeira bem estabelecida. Outros profissionais, que por algum motivo, não tinham ainda uma segurança financeira. Lembro-me de um profissional que tinha saído num programa de demissão voluntária após mais de trinta anos de trabalho. Com a indenização do programa ele investiu num empreendimento comercial. Sem experiência e sem apoio de gestão, infelizmente o negócio não deu certo. Em pouco tempo ele perdeu todo o dinheiro investido. Por este motivo, ele, apesar de já estar aposentado pelo INSS, decidiu permanecer no mercado de trabalho para ajudar a honrar seus compromissos.

Recordo-me também de outra profissional que era muito simpática e que sempre dava bons conselhos de vida. Ela dizia que a vida passava muito rápido. Ela não era casada nem tinha tido filhos. Ela tinha viajado para onde queria, feito os cursos que queria, mas que era importante estar atento ao tempo, que passa muito rápido e ela demorou a se dar conta dessa passagem tão rápida.

Essas pessoas com quem convivi foram importantes influências que tive no início da minha jornada. Influências que, aliadas às orientações que tive em casa, estiveram presentes nas minhas reflexões sobre tempo e recursos financeiros.

Apesar do salário que eu ganhava ser um pouco mais que o salário mínimo, a empresa tinha muitos benefícios. Com isso, eu adotei o hábito de mensalmente depositar uma reserva do meu salário na minha conta poupança.

Eu depositava numa conta da Caixa Econômica. Esta conta tinha sido aberta por minha mamãe quando eu tinha seis meses de idade. Mamãe abriu ainda no antigo banco Delfin que depois que quebrou e foi assumido pela Caixa Econômica. Mamãe insistia para meu pai depositar na conta sempre algum valor em todo final de ano.

Por exemplo, quando ele recebia o décimo quarto ou gorjeta de fim de ano na casa da madame. Ela dizia que tínhamos que guardar dinheiro para o caso de uma necessidade ou de uma oportunidade. Hoje eu acredito que é importante guardar para uma oportunidade e para ajudar as pessoas com uma crença de prosperidade.

Como exemplo de oportunidade, mamãe citava o caso da sua amiga Jura que trabalhou com ela na casa da madame. Ela dizia: "Jura guardava dinheiro e sempre aproveitava oportunidades para comprar terrenos". Mais tarde descobri que Jura tinha comprado dois terrenos em Agostinho Porto e Vila Rosali, bairros próximos de onde morávamos na Baixada Fluminense.

Já exemplos de necessidade financeira tínhamos aos montes. Alguns familiares que passavam necessidade em função da falta de emprego ou envolvimento no vício do álcool. Sempre que alguém chegava pedindo dinheiro para comprar o gás ou uma fruta, mamãe dava. E ela já considerava aquele como um valor dado e não um empréstimo. Ela não contava com a devolução.

Hoje quando vejo a Nathalia Arcuri falando que para família a gente não empresta, a gente dá, lembro-me da mesma crença que a mamãe tinha. Admiro como mamãe tinha estas visões de economia que eram tão avançadas para a realidade dela de pouca instrução.

Cada vez mais se vê a importância da integração das gerações no ambiente de trabalho e os ganhos que esta interação traz. Eu fui muito beneficiada dessa interação como profissional e como pessoa.

19. De Finanças para RH

No time de contas a pagar, depois de um tempo, além de fazer conciliação bancária, comecei a cuidar de um negócio chamado fundo fixo. Fundo fixo era formado por uma quantia de valor, mantida no cofre da empresa, o "dinheiro vivo" para pagamento de despesas pequenas necessárias à operação.

Houve um aumento do volume desses pagamentos para atender a um time de colaboradores. Em sua maioria, colaboradores estrangeiros que foram transferidos para o Brasil pelo acionista espanhol, que tinha acabado de adquirir o controle da companhia. E eu fui alocada para cuidar desse processo.

Estes colaboradores estrangeiros eram chamados expatriados. Existiam profissionais estrangeiros de diversas nacionalidades. Tinha espanhóis, argentinos, venezuelanos e um holandês.

Aos poucos os atendia para alguma outra situação, diferente do processo de pagamento.

Era apoio para um contrato de prestação de serviço, ou resolver algum problema pontual de acesso.

Eu tinha facilidade com o espanhol, graças mais uma vez aos vinis de Julio Iglesias da mamãe e naquela época comecei a estudar o idioma em um cursinho.

Recursos humanos foi a última área a ser estruturada nessa empresa. Até então, os serviços de RH como folha de pagamento e compra de benefícios eram terceirizados.

O acionista espanhol enviou duas novas executivas expatriadas para montar o time de RH. Um dia uma delas me convidou para ir para o time de RH para apoiar a operação de folha de pagamento que estava sendo internalizada.

Eu fiquei feliz com o convite, por outro lado preocupada. A preocupação era porque eu tinha entrado na área da minha formação e agora estaria saindo, e vinha a dúvida: "será que conseguirei retornar no futuro para a área da minha formação?" Tive muito medo.

Por outro lado, atender os estrangeiros trazia um pouco do glamour da época em que atuei na área comercial. Meus pais diziam que eu deveria ir para nova área pois trabalharia diretamente com estrangeiros e os estrangeiros eram sempre melhores que os chefes brasileiros. A experiência deles estava concentrada naquela madame que era estrangeira. Ainda assim, eu tinha dúvidas.

Fui conversar com aquele gestor responsável que tinha me trazido para a área de finanças. Perguntei o que ele achava. Ele era aquele cara com uma liderança inspiradora e uma pessoa iluminada. Sempre saudava a todos com um sorriso e dizia "excelente dia".

Ele me disse que eu deveria seguir meu coração, que eu estava começando uma carreira e existiam diferentes possibilidades. Que se eu quisesse poderia ir e teria as portas abertas para retornar se precisasse.

Eu fui para a área de Recursos Humanos e até hoje sou muito grata a ele por aquelas palavras de acolhimento. Anos depois encontrei com este gestor em São Paulo quando tínhamos sido transferidos de cidade, e a sua constância com pessoa e inspiração permaneceu.

20. Formatura UERJ

Naquela ocasião, eu já tinha alcançado muitas conquistas na minha vida, mas a minha formatura na UERJ foi um momento verdadeiramente especial.

Minha mãe costumava dizer que nunca tinha me visto tão feliz em 23 anos. Para mim, essa formatura foi como uma celebração que compensou a falta de uma festa de 15 anos, a maioridade ou até mesmo um casamento, já que até aquele momento eu não tinha tido namorados e não imaginava me casando.

Embora não tenha havido uma festa, a cerimônia de colação de grau foi marcante. Eu fiz parte da comissão organizadora e fui leitora paraninfa, dedicando meu texto à importância da amizade e ao apoio dos amigos e familiares durante os anos de estudo.

Eu estava radiante, e minha mãe também. Meu pai compareceu, mas precisou sair antes do final da cerimônia por causa do trabalho noturno. Não quis abordá-lo sobre isso, considerando experiências passadas em que se tentou interferir na sua ida ao trabalho e que gerou confusão com ele como no enterro da vovó. Embora eu não tenha tirado fotos com meu pai durante o evento, guardei em meu coração o orgulho que ele deve ter sentido.

A cerimônia foi bastante prestigiada, com a presença de amigos da empresa, colegas da residência universitária feminina, além de tios e vizinhos. Aluguei uma van para trazê-los, e foi um dos dias mais felizes da minha vida, compartilhando alegria com pessoas queridas.

A formatura representava muito para mim, sendo um testemunho de superação e gratidão a Deus, à minha família e a todos que contribuíram para a minha jornada.

Escolhi a música "Ain't No Mountain High Enough", de Marvin Gaye, para tocar durante a entrega do meu diploma. Conheci essa música na residência universitária por meio de duas irmãs que a tinham numa coletânea do cantor norte-americano.

A letra, que fala sobre ultrapassar obstáculos, sempre me inspirou. Era um lembrete de que nada poderia me impedir de alcançar meus objetivos, representando o esforço e a dedicação que me levaram à conclusão da faculdade.

21. Saída da RUF e uma nova vida: quitinete em Botafogo, carro e alfabetização da mamãe

Depois de me formar, tive seis meses para deixar a residência universitária. Nesse período, mudei para uma quitinete próxima ao Mourisco, o prédio onde estava localizado o novo escritório da empresa que trabalhava, em Botafogo.

Minha irmã também se mudou para lá, pois havia acabado de passar no vestibular da PUC - Rio, com o apoio do Educafro. Foi o início de uma nova fase para nós duas.

Morar com minha irmã tinha suas vantagens: estávamos juntas e compartilhávamos os custos. A quitinete era pequena e localizada em um prédio considerado simples, com um bar na entrada e muitas pessoas morando. Por ser antigo, o prédio tinha lixeiras nos andares, o que resultava em muitas baratas, algo que me deixava envergonhada. Quando me perguntavam onde eu morava, nunca dava o endereço exato.

Durante a semana, ficávamos na quitinete, mas nos fins de semana voltávamos para a casa dos meus pais.

Em um Natal, enquanto assistíamos a um show de Roberto Carlos na TV, o porteiro bateu nas portas pedindo para evacuar o prédio às pressas, pois um incêndio havia começado. Minha irmã e eu ficamos sem reação, mas rapidamente descemos e nos abrigamos do outro lado da rua, observando os bombeiros apagarem o fogo. O incêndio foi causado por uma criança de 5 anos que acendeu um fósforo no armário da cozinha. Felizmente, ninguém ficou ferido.

Embora pudesse pagar um aluguel em um lugar melhor, decidi economizar para dar entrada em um financiamento de carro, um sonho meu. Porém, antes de ter um carro, precisei passar na prova de habilitação.

Eu comecei a fazer aula numa autoescola e após a primeira reprovação, troquei de professor. Depois troquei de autoescola. O último professor que tive foi fundamental para a aprovação. Ele era engraçado e me tranquilizava. Quando estava estressada ele pegava o cavaquinho e começava a tocar uma música. Os treinos adicionais e a serenidade desse professor me ajudaram e eu passei na avaliação seguinte e consegui minha habilitação.

Para ter onde guardar o carro, construí uma garagem no quintal da casa dos meus pais, que na época ainda era localizada numa rua não asfaltada e sem saneamento básico.

Meu primeiro carro foi um Golzinho bola, cor cinza titânio. Pouco tempo após comprá-lo, acabei o derrubando em uma vala, mas felizmente não houve feridos.

Utilizávamos o carro principalmente nos fins de semana para passeios pela zona sul, visitando parentes, amigos e pontos turísticos. Lembro num desses passeios, um episódio no Pão de Açúcar, onde um macaquinho mordeu o dedo da minha mãe.

Mamãe adorava esses passeios. E não precisava de muito. Da ida ao McDonald's ou a um shopping. Sua sobremesa favorita era o sorvete de casquinha do Mcdonald's e seus shoppings prediletos eram o Grande Rio e o Botafogo Praia Shopping.

Levamos minha mãe pela primeira vez para assistir ao show do Roberto Carlos no antigo ATL Hall, na Barra da Tijuca. Foi um momento emocionante, que reavivou memórias de um tio que era muito parecido com o Rei Roberto Carlos para nós. Esse tio infelizmente nos deixou cedo.

No dia do show, minha mãe estava radiante, usando um vestido mostarda e seus acessórios preferidos. Ela ficou muito feliz ao receber uma rosa entregue pelo Rei.

Nessa época houve uma ação social no bairro em que minha mãe morava de alfabetização de adultos e ela e duas tias decidiram participar. Começava-se a falar mais do Alzeimer e acho que no final isso ajudou a motivar a ida delas para esta ação.

Era muito legal vê-la se preparando para estudar. Separando uma pasta com caderno, lápis e borracha para usar nas aulas.

Minha mãe estudou até a 3ª série do primeiro grau antigo. Ela sabia assinar, mas lia e escrevia uma carta ou lista de compras com dificuldade.

Sua letra saía um pouco tremida, mas ela parecia desenhar. Fazia com capricho. Sua letra n de neusa era o mais lindo que eu já vi. Lembrava a letra de escritos da época da realeza.

As aulas da alfabetização eram num galpão abandonado perto de casa. Uma vez, durante as aulas, outro aluno levou um ventilador para amenizar o calor e deu um curto-circuito e o aparelho pegou fogo. Foi um susto, mas graças a Deus ninguém ficou ferido.

Eu tenho uma recordação muito especial de uma aula que ela fez. A tarefa da aula era escrever uma carta sobre sua infância. Ela escreveu uma carta para as duas irmãs dizendo que tinha saudade de quando elas eram pequenas e brincavam na fazenda Baixa Funda, em Viçosa, sua terra Natal em Alagoas, e como elas eram felizes.

Este curso durou pouco tempo, e após terminar minha mãe adquiriu o hábito de escrever. Ela pedia para a gente passar os exercícios para ela, por exemplo, escrever no caderno nome de pessoas, nome de cidades, nome dos estados, e ela ia treinando a caligrafia. Um exemplo de adoção de bons hábitos para o seu bem-estar.

Quando reclamávamos de alguma coisa, tal como a quitinete, o calor do Rio durante os passeios, minha mãe sempre dizia que um dia sentiríamos falta daqueles momentos de vida e recordaríamos como éramos felizes ali.

22. Trabalhando com expatriados, me tornando uma profissional de Global Mobility

Após concluir minha faculdade noturna, passei a trabalhar até mais tarde e, às vezes, aos sábados.

Minha rotina se desenrolava no prédio Mourisco, às margens da baía de Guanabara, onde as paredes espelhadas proporcionavam uma vista do Pão de Açúcar, marcando uma fase significativa da minha vida.

Minhas responsabilidades incluíam lidar com folha de pagamento e auxiliar na movimentação internacional de colaboradores.

Durante certo período, a folha de pagamento era elaborada em Excel antes da implantação de um sistema específico. Após essa mudança, a operacionalização foi dividida por públicos, cabendo a mim gerenciar a folha de pagamento de um grupo de executivos e expatriados de cinco pessoas jurídicas diferentes. E estava disponível para apoiar em outras áreas ou situações se fosse preciso.

Recordo-me de uma ocasião em que acompanhei um grupo de expatriados a um show do Rock in Rio para prestar apoio durante o show. Embora tenha ganhado um ingresso para o evento, mantive o foco no trabalho, mesmo desfrutando de um momento especial assistindo James Taylor cantando "You've got a friend".

Trabalhar de perto com os expatriados me proporcionou oportunidades para melhorar meu espanhol e entender melhor as diferenças culturais. A interação com eles me ensinou a lidar com abordagens mais diretas e rápidas, características muitas vezes associadas as diferenças culturais. Por exemplo, entender que quando falavam mais alto ou de forma objetiva tinha um foco no problema, e com isso, não levar para o lado pessoal.

Eles tinham um lado meio colonizadores que chegaram em novas terras para explorar, mas também de trazer novas ideias e resolver problemas. E eu também percebia um lado gentil deles. Um expatriado me chamava "la chica más dulce de la oficina" pelo processo de gestão dos seus benefícios.

Tanto nessa época quanto anos mais tarde atuando na área de Global Mobility, o atendimento personalizado na gestão de benefícios trazia uma grande proximidade pessoal com o expatriado e sua família. Seja pelos processos mais burocráticos tais como de obtenção de visto, busca de imóvel para residir ou de colégio para filhos, passando por apoio e orientação em caso de dificuldade de adaptação. A proximidade ocorria e trazia efeito positivo para meu desenvolvimento, incluindo relacionamento interpessoal e oportunidade de interagir com profissionais de funções superiores.

E assim comecei a me tornar uma profissional de Global Mobility. Foi assim que passou a ser chamada a área de Recursos Humanos que cuidava da movimentação de profissionais de um país para outro país para atender necessidades do negócio.

Um misto de áreas generalista e especialista, business partner como folha de pagamento, benefícios e relações trabalhistas, tudo junto e misturado.

Essa experiência também me permitiu desenvolver habilidades interpessoais ao lidar com diferentes interlocutores, sejam eles internos ou externos, para atender demandas e prazos. Minha proximidade com a diretora do departamento, uma espanhola que havia assumido o desafio da expatriação no Brasil, foi inspiradora.

Ela valorizava o reconhecimento público, levando o time para eventos corporativos e familiares, além de oferecer suporte em momentos de necessidade.

Recordo-me com carinho do dia em que ela me convidou para assistir a uma ópera no Teatro Municipal do Rio, onde também estavam presentes outros executivos da empresa. Trabalhar lado a lado com ela na mesma sala tinha suas vantagens, como o acesso a pequenos luxos, como o café servido na sala exclusiva para executivos.

Ela sempre foi muito simpática, alegre e positiva. Dizia que precisava estar se sentindo bem, e priorizava os cuidados com a aparência e incentivava a gente fazer o mesmo. Muitas vezes durante o expediente de trabalho ela descia para escovar os cabelos no salão de beleza que tinha no térreo do prédio em que trabalhávamos. E quando voltava com os cabelos lavados e escovados nos dizia "ahora mucho mejor para hacer lo que tenga que hacer". Espanhola, mãe de duas crianças pequenas na época, viúva, assumiu o desafio da expatriação no Brasil. Isso tudo me inspirava.

Essa diretora também foi pioneira na época em implementar programas de reconhecimento, reuniões off-site de planejamento ou de projetos, além dos momentos de homenagens, da entrega de projetos aos aniversariantes do mês, demonstrando sempre cuidado com os detalhes.

Mais tarde, percebi a importância desses rituais para criar conexões com as pessoas. O presente de fim de ano que ela nos deu, um relógio Swatch, foi um exemplo marcante de como todos esses gestos e ações podem impactar a jornada de trabalho de um colaborador.

23. Onde nasci e fui criada com minha irmã

São poucas as recordações de passeios quando criança com minha irmã, mas tenho muitas lembranças dos nossos passeios e aventuras já adulta, seja nós ainda solteiras, seja já casadas e com nossos filhos pequenos.

Tive a oportunidade de ir com minha irmã no segundo dia do show do Rock in Rio. O objetivo era assistir à apresentação da banda Guns N' Roses.

Imagina chegar às 10h da manhã para assistir a um show e voltar às 6h da manhã do dia seguinte para casa. Foi isso o que ocorreu. Em teoria algo previsível já que ainda não tínhamos carro, íamos de condução e dependíamos dos horários disponíveis dos ônibus.

Neste dia tivemos muitas histórias para contar. De assistir Carlinhos Brown recebendo a chuva sem noção de latas e garrafas de água, até a minha irmã desmaiar por causa do calor. Chegamos bem cedo no evento para pegar lugar o mais próximo do palco, o que conseguimos. Mas depois tivemos que voltar bem para trás após ter que socorrê-la. Na hora que ela passou mal eu só pensava na responsabilidade que tinha de cuidar dela e como ia falar do ocorrido com meus pais. Graças a Deus ela se recuperou e assistimos em paz aquele show.

Cada vez mais acredito que ter uma irmã é um presente e já me senti muito culpada por não dar um irmão ao meu filho.

Hoje acredito que tudo depende das circunstâncias da vida e no caso do meu filho não foi possível ele ter um irmão e tudo bem. Eu digo circunstâncias porque é um conjunto de situações. Situações tais como idade, disposição para criar mais um filho ou a disponibilidade de recursos financeiros para suportar a educação deles. E tinha, ainda, a necessidade de conciliação de vontades de ter mais um filho, sua e do meu parceiro. Aceito a decisão que tomei e agradeço todos os dias por ter tido a oportunidade de ser mãe.

Minha mãe dizia que quando minha irmã nasceu eu sentia muito ciúmes dela. Não queria que ninguém pegasse no colo a minha irmã. À medida que fomos crescendo, brincávamos e brigávamos bastante também.

Lembro-me de um dia que mamãe foi tomar banho e deixou a gente jantando e com as brigas nossos pratos de comida caíram no chão. Quando percebemos o ocorrido, fomos logo recolhendo os pratos e as comidas para mamãe não pegar a gente no flagrante.

Quando eu era adolescente eu queria ter tido um irmão mais velho. Via algumas colegas com irmão mais velho e achava que isso abriria portas tipo, passear, conhecer os amigos do irmão para namorar. Mas em pouco tempo este pensamento foi ficando de lado. Em casa, algumas vezes recebíamos as primas de idade próxima, mas nós não tínhamos o hábito de trazer colegas em casa para estudar ou brincar. Acredito que isso fez com que a convivência com minha irmã fosse ainda mais intensificada.

Assim como mamãe, minha irmã mesmo sendo mais nova me incentivava bastante a ir atrás dos meus sonhos. E, quando eu comecei a trabalhar e tinha meu dinheiro, de certa forma eu dividia com ela os ganhos.

Por exemplo, ela queria ir a um passeio e meu pai não tinha como pagar. Eu dava o dinheiro para ela ir ao passeio. Minha mãe às vezes dizia "olha não tem dinheiro para você ir. Fala com sua irmã". Este apoio financeiro foi um de tantos outros que a relação fraterna foi consolidando ao longo do tempo, assim como cumplicidade, respeito e carinho. Mas eu também não dava só o peixe pronto, também dava a ela a vara para pescar. Houve uma época que ela precisava mais de dinheiro para fazer um curso e surgiu a oportunidade de um trabalho freelance de entrega de panfletos durante as eleições do CRC – Conselho Regional de Contabilidade no Rio. Não pensei duas vezes, a inscrevi e ela trabalhou e ganhou um dinheirinho.

Quando ela conseguiu o primeiro estágio pela PUC-Rio foi uma alegria. Não é porque é minha irmã, mas ela, além de ser inteligente, tem inteligência emocional, boa comunicação e capacidade de aprendizado. Sabíamos que ela sofreria mais dificuldade de se adaptar no ambiente de "zona sul", no curso de tecnologia da época que era bastante elitizado. Mas ela com sua desenvoltura conseguiu ultrapassar isso. O que era mais um motivo de orgulho para a gente.

Lembro-me de uma vez que uma amiga dela da faculdade, que morava na zona Sul, veio visitar a casa dos meus pais. Minha mãe quis fazer um almoço de gratidão a essa amiga e sua família porque eles ao longo do primeiro ano universitário ajudaram e foram um apoio para minha irmã. Minha irmã ia mais cedo para a faculdade, via transporte de van e ônibus até Botafogo. E de lá pegava carona com esta amiga até a Gávea, onde estava localizada a faculdade. Elas faziam o mesmo curso e estudavam juntas. Minha irmã muitas vezes lanchava no apartamento deles.

Neste dia do almoço de gratidão, lembro-me da cara dessa amiga que nunca tinha visitado bairros da Baixada Fluminense. A curiosidade dela era visível sobre a paisagem, os lugares mais simples, faltando asfalto, saneamento. E por fim o espanto da amiga quando viu alguns porcos andando pela rua. Sim, em nosso bairro você encontrava algumas famílias que criavam esses animais e eles andavam pela rua. E ela gritando 'olha o porco". Na verdade, no momento que isso ocorreu tivemos muita vergonha.

Outra situação marcante eram as enchentes de chuva que provocavam a entrada de água em casa onde vivíamos. Morávamos numa rua que ao final dela tinha um rio. Meus pais diziam que quando mudaram para lá o rio era bastante largo. Porém, quando criança já me lembro dele estreito, mais para córrego do que rio. Ele foi ficando estreito seguramente pela ocupação irregular em suas margens, além da falta de tratamento e saneamento, em função de loteamentos sem qualquer preocupação com as questões básicas de ocupação. Imagino eu que foram esses fatores que culminaram nos alagamentos, enchentes nas ruas próximas, até a entrada de água em nossa casa.

Em todas as vezes que entrou água em casa devido às enchentes eu estava trabalhando e só minha irmã estava em casa com minha mãe. Com ajuda da vizinhança elas conseguiram conter maiores danos, levantando móveis e eletrodomésticos como geladeira, fogão. Depois do terceiro alagamento meu pai decidiu subir o piso, reduzindo ainda mais o pé direito da casa, e causando uma sensação de diminuição do cômodo, sobretudo para minha irmã e eu, que somos altas.

Meu pai colocou ainda umas barreiras de ferro que ajudavam a conter as águas, mas que não eram suficientes para impedir a entrada da água nos dias de chuva forte. A preocupação que tínhamos nos dias de verão era não sair de casa. Sempre precisava ficar em casa vigiando a entrada de água caso ocorresse uma chuva forte. Situações como estas tínhamos vergonha de compartilhar, seja na faculdade, seja no trabalho. Este problema só foi resolvido quando chegou o saneamento básico e o asfalto no bairro. Lembro-me da emoção da minha mãe que dizia que ela podia morrer e ir embora em paz, quando tivesse sua rua asfaltada e suas árvores frutíferas preferidas dando frutos em nosso quintal. Dois pés de coqueiros e dois pés de acerolas.

Hoje recordo-me dessas histórias com o coração alegre. A boa lembrança ocupou o lugar da vergonha. Passamos a achar a história do grito da amiga "olha o porco" muito engraçada.

Lembro-me dos dias que antecederam o asfalto com muitos buracos e quebradeiras e poeiras, mas que foram uma linda melodia para chegada de uma nova era, a do asfalto.

Lembro-me com saudade das águas de coco, os sucos de acerola e todas as outras frutas que tínhamos no quintal. E que quintal. Além dos pés de acerola e coqueiros, tínhamos árvores tais como mangueira, abacateiro, goiabeira, pitangueira, pé de fruta de conde, pé de laranja e três bananeiras. Mamãe também cultivava saião e capim-limão para fazer chás e xaropes. Os pés de coco e de acerola foram os últimos a serem plantados por ela. Eu já era grande e lembro-me bem, de um vizinho dizendo para ela que era possível ter um coqueiro em casa. Até então ela achava que não podia. No caso do pé de acerola, lembro de ela ter assistido um programa Globo Repórter, mostrando os benefícios dessa frutinha que substituía não sei quantas laranjas em termos de vitamina C. Mamãe disse "nós precisamos ter um pé de acerola em casa". Hoje não tem suco de acerola que eu tome e não lembre dela.

Nossa casa era localizada em Miguel Couto, bairro do município de Nova Iguaçu, da região conhecida como Baixada Fluminense. Uma região que demorou a se desenvolver. Mesmo anos depois de eu ter concluído a faculdade e, ainda, morando no Rio, tinha, por exemplo, deficiência de sinal de celular no local.

O celular que tinha surgido como uma alternativa de comunicação já que a linha fixa virava e mexia ficava fora do ar, nem sempre funcionava. Mesmo colocando uma antena para melhorar a captura de sinal, e tornando a linha celular em uma linha fixa, ainda assim, tinham dias que não conseguíamos nos comunicar.

Passaram-se mais de 30 anos que deixei de conviver ali. Hoje a região "pega" sinal de celular. Muitas ruas foram saneadas e asfaltadas. Foi construída uma escola grande perto de onde morávamos. A região evoluiu bastante, mas ainda precisa de muita atenção dos governantes em termos básicos de saúde, educação e segurança.

Anos depois, durante um Big Brother Brasil, Nova Iguaçu ficou um pouquinho conhecida quando uma participante falava que era de lá e dizia: "Uhu Nova Iguaçu". Como é bom quando a gente tem referência positiva de onde a gente veio. Penso nisso quando vejo Edu Lyra da Gerando Falcões falando da favela. Lembro que ele fala da potência do lugar e de toda a gente que nela mora. Como é bom não só ouvir falar das coisas ruins como a pobreza, os roubos ou as milícias.

Ali foi onde eu nasci e fui criada com muito amor. E não tenho dúvida que tem histórias extraordinárias como a de um padre italiano, chamado Renato Chiera.

Esse padre começou em Miguel Couto um projeto para retirar da rua crianças e adolescentes em situação de vulnerabilidade social. Ele fundou lá uma instituição chamada Casa do Menor São Miguel Arcanjo, mais conhecida como "Casa do Menor". Criou a partir de uma experiência pessoal quando um jovem carente o procurou para pedir socorro.

O jovem estava na lista dos "marcados para morrer" dos grupos violentos que viviam na região, e dirigiu-se ao padre pedindo-lhe: "Padre, ninguém faz nada. Eu não quero morrer."

Lembro de uma vez um vizinho nosso falar para minha mãe que estava na lista de morte daquele ano porque não tinha atendido um pedido de serviço de obra para ser feito. Graças a Deus este vizinho sobreviveu.

Padre Renato criou este projeto social que visava acolher e criar, paulatinamente, um ambiente familiar para aqueles jovens. Com a presença de um pai e de uma mãe social quando possível, suscitando uma atmosfera de atenção e de afeto para aquelas crianças e adolescentes.

Hoje o projeto tem mais casas de acolhida espalhadas por outras cidades no Brasil. O projeto recebe apoio de doações e parceiros de todo o Brasil e Europa, oferecendo além do acolhimento, cursos de formação profissional e suporte ao programa de jovem aprendiz. Quando penso nesse projeto lembro da minha mãe dizendo "minha filha no mundo pode ter muita gente ruim, mas tem muito mais gente boa".

24. Novas histórias: mudanças de gestor, novas atividades profissionais, primeiras viagens de avião e internacional

Após quase três anos trabalhando juntas, houve uma reestruturação na empresa. Tanto minha gestora quanto os principais executivos que eu atendia retornaram para a Espanha, e chegaram novas pessoas.

Naquele momento, senti uma sensação de perda. Lembro-me de cuidar dos processos de retorno deles com esse sentimento. Os processos incluíam mudança de bens, devolução de imóveis de residência, documentação das escolas dos filhos, e eu fiz a maioria com um aperto no coração.

Lembro-me de um executivo que optou por não fazer mudança de bens e doou todos os móveis e utensílios da sua residência no Brasil. A maioria das coisas compradas com as ajudas de custo fornecidas pela empresa. Eu o ajudei a fazer a doação para a Casa Ronald McDonald na época.

Estive acompanhando o dia da retirada dos bens para a doação. Lembro que, ao final da retirada, após o caminhão partir, ficou uma escovinha nova para limpar vaso de banheiro. Parecia nem ter sido usada. Eu a levei comigo para casa e deixei na casa dos meus pais. Mamãe higienizou e disse: "Vamos manter porque é uma recordação da casa desse executivo que foi muito bom para você", que eu chamava de "seu Miró". Mamãe não o conhecia pessoalmente, mas tinha uma percepção formada de como ele era pelo que eu compartilhava com meus pais sobre o dia a dia de trabalho.

No dia da assinatura dos documentos finais da rescisão, em que eu iria me despedir dele, eu não consegui segurar a emoção e chorei. Ele era um alto executivo, que tinha todo um jeito amável e cuidadoso de tratar as pessoas. Falava baixo e devagar comparado com outros espanhóis. Nesse dia, ele me acolheu. Disse que a vida corporativa era assim mesmo. Havia início, meio e fim, e que eu estava apenas começando e tinha uma longa jornada pela frente. Me agradeceu pelo meu trabalho. Lembro das suas palavras mais de 20 anos depois, quando saí da empresa em que trabalhava.

Foi designado um novo gestor para mim. Este novo gestor era homem, também espanhol, mas que tinha jeito de fazer as coisas bem diferentes. Era engenheiro e cuidava de diferentes áreas administrativas, incluindo a área de RH. Chegou com o desafio de colocar uma nova forma de operação e reestruturar áreas e, no meu caso, em especial, desafiou a minha forma de fazer minhas atividades.

Lembro que foi na sua gestão que fiz a minha primeira viagem de avião pela empresa, e a primeira viagem de avião da minha vida. Foi uma ponte aérea Rio-São Paulo, pela antiga companhia VARIG.

Eu precisaria ir e voltar no mesmo dia para fazer um processo de operação de câmbio para remessa de valor para o exterior de alguns expatriados. Bem diferente de hoje, que as remessas são feitas num clique, eu tive que pegar um avião para levar os formulários das operações que se encontravam atrasadas e o processo não evoluía por telefone.

Tremia de medo dentro da aeronave e, quando me foi oferecido o café da manhã dentro do avião, tive vergonha de aceitar. Mesmo tendo ido para o aeroporto sem tomar café e morrendo de fome, mesmo sentindo o cheirinho bom da bandeja do passageiro ao lado, eu não me atrevi a aceitar o café oferecido pela comissária de bordo, por pura vergonha.

Na época, iniciei uma pós-graduação em Gestão de Recursos Humanos. Naquele momento, eu já exercia uma liderança lateral, mas muito focada na gestão de atividades e foco em resultados. Não tinha muita clareza do meu próximo passo de carreira e não existiam conversas sobre isso. Mas, aos poucos, fui alimentando vontade de trabalhar no exterior, e comecei a ficar atenta a possíveis projetos. Decidi participar de um programa de desenvolvimento internacional para trabalhar num período de até 6 meses na Espanha, chamado JAP – Jovens de Alto Potencial.

Um requisito para o programa era a avaliação do nível de inglês pela certificação do TOEIC. Fiz a avaliação e minha nota foi insuficiente e fui desclassificada do processo seletivo.

Iniciei naquele momento a busca desesperada para fazer cursos de inglês. Fiz dois desses cursos na Tijuca, bairro da zona Norte do Rio. Fazia aos sábados, antes de voltar para a casa dos meus pais no fim de semana. Depois de um ano seguinte, tentei de novo o TOEIC e melhorei a pontuação. Porém, o programa de desenvolvimento foi descontinuado e as oportunidades de trabalho internacional que apareciam eram vinculadas a projetos que não me encaixavam.

Depois de algumas viagens nacionais a trabalho, eu fiz a primeira viagem internacional para Madrid, Espanha. Um convite que tive de última hora, para participar de um treinamento tipo team building que abordaria o futuro das áreas de remuneração e incluíam o tema de Global Mobility.

O detalhe é que para uma viagem internacional nessa época eu ainda nem tinha passaporte. Consegui um documento emergencial para viajar graças ao apoio do time de segurança da empresa, em três dias, tempo recorde.

Passei uma semana em Madrid encantada com a cidade, o povo, a cultura e o grupo de que eu fazia parte.

Tive a impressão de ter aprendido em uma semana o conteúdo das matérias do curso de uma pós-graduação de um ano. Voltei com dois cadernos preenchidos de anotações sobre o evento. Se falava de planejamento estratégico, do movimento do grupo nos próximos 5 anos e como as áreas de Recursos Humanos deveriam estar preparadas para os próximos desafios. As reuniões contavam com todos os times das áreas de Remuneração e Global Mobility da Espanha e dos países da América Latina.

Foi uma semana de aprendizado intenso e encantamento. Encantada de estar imersa na cultura de outro país e convivendo com pessoas de outros países.

Coloquei na cabeça que um dia queria voltar e poder trabalhar lá. Depois daquela primeira viagem internacional foram mais 5 viagens pela empresa para eventos, reuniões e cursos na Espanha e em países da América Latina. Tanto estas viagens quanto todas as mudanças até aqui só potencializaram a distância de eu voltar a viver onde nasci e cresci.

Como disse Nelson Mandela: "Não há nada como regressar a um lugar que está igual para descobrir o quanto a gente mudou".

Levei um tempo para deixar de lado a culpa por não querer mais viver em Miguel Couto, em Nova Iguaçu, na casa dos meus pais. Durante muito tempo, associei o fato de não querer estar lá ao fato de deixar em segundo plano o cuidado com meus pais, o que depois vi que não era verdade.

Mesmo distante, minhas ações sempre estavam vinculadas com eles e para eles.

Anos depois, ouvindo a frase "Terra natal não é onde você aterriza, mas é onde você decola", me confortei e me conectei, zerando todo meu nível de culpa que poderia existir.

25. Novas atribuições: gestão de times e perda de uma amizade

A área em que eu trabalhava expandiu seu escopo de atuação com as novas estratégias de negócio. Passei a atender também colaboradores em movimentações locais, ou seja, que mudavam de um estado para outro. A maioria vinda de cidades do Rio Grande do Sul, Paraná e Bahia que foram transferidos para a cidade do Rio de Janeiro e depois para São Paulo.

Essa nova atribuição ampliou meu time de trabalho, e, de forma muito rápida, foram surgindo novas responsabilidades. A semana passava voando. Muitas horas de trabalho. Eu tinha muita energia e gostava.

Um exemplo de uma semana intensa era: na segunda-feira acordava às 5h30 para viajar. Pegava um voo da ponte aérea, ida e volta do Rio para São Paulo. Lá trabalhava e retornava no mesmo dia, à noite. Nos outros dias trabalhava em média 10 horas por dia. Algumas vezes saindo do serviço após as 21h. Eu equilibrava as atividades de novos projetos e mantinha as atividades do dia a dia da operação.

No final do dia, eu tomava um banho, dormia pouco, mas estava pronta para o dia seguinte. E estava muito feliz de viver tudo aquilo.

Como Daniel Goleman comenta em seu livro, um segredo para se ter mais entrega na vida é alinhar o que fazemos com o que gostamos. Ele diz que é a partir daí que vem a motivação que nos faz fluir. Eu me entregava mesmo, e sem dúvida amava o que fazia. E aos poucos me vi fazendo gestão de pessoas.

Recrutava novos profissionais para trabalhar no time, numa época que não tínhamos ainda um suporte bem definido de áreas de business partner do negócio. Selecionava currículos, fazia entrevistas, aplicava testes e dava recomendação de decisão final de contratação para a diretoria. Estava lidando com gente, mas meu foco principal ainda eram as atividades e os clientes. Levei um tempo para perceber que as pessoas deveriam estar no foco principal, não apenas as atividades e os clientes.

Uma situação que me marcou muito nesse contexto foi a perda de uma amizade.

Um amigo que eu tinha passou a ser meu subordinado no time e eu tive que, por orientação da empresa, desligá-lo. Senti muito por isso, e sempre pedi para ser perdoada por ele.

A amizade que tive com colegas de trabalho durante as áreas que trabalhei foi muito marcante e as tenho no coração até hoje. A amizade iniciou no ingresso na empresa, e nossa conexão transcendeu os limites da empresa. Frequentamos casas, shows, apresentações. Uma dessas amigas, eu fui madrinha de casamento. Outra amiga foi madrinha do meu casamento.

Lembro-me de uma megachuva na Tijuca, em que ficamos ilhados no escritório, e que esse amigo que eu desliguei nos levou para dormir na casa de seus pais que era a residência mais próxima de onde estávamos. Sua família nos acolheu com muito carinho.

Lembro de ele me escolher como tema da sua prova de redação da aula de inglês e depois me mostrar o que tinha escrito sobre minha história. Fiquei muito emocionada pois ele de forma resumida me reconhecia como uma pessoa que tinha buscado uma vida melhor e tinha sua admiração por isso.

Após um tempo na mesma empresa, e cada um estar trabalhando numa área diferente, houve oportunidade de ele vir trabalhar junto comigo na mesma área.

Em seguida à sua chegada, eu me tornaria gestora da atividade dessa área, exercendo uma liderança sobre aquele time, apesar de não ter um cargo oficial de gestão na época. Pouco depois da sua vinda houve um movimento de reestruturação da empresa e redução dos times. Do total de cinco posições, duas teriam que ser reduzidas. Meu gestor na época indicou meu amigo e outra pessoa para serem desligados. Eu não tive argumentos para manter ou transferir meu amigo para outra área. Ele foi desligado por mim e eu perdi uma amizade.

Se eu pudesse teria feito diferente. Os próximos desligamentos que fiz na minha carreira busquei aplicar aprendizado que tive com esta situação. Passei muitos anos me perguntando se aquilo foi um teste ou uma arbitrariedade já que eu não ocupava uma função de gestão oficial para fazer um desligamento. Ou se foi resultado da minha dificuldade em dizer não e não ter conseguido argumentar, ou pelo menos dizer ao meu diretor na época: "Faça você o desligamento e não eu, porque eu vou perder um amigo".

Muitas vezes pensei também que o fato de eu não ter argumentado possa ter sido influência histórica do valor ao trabalho que eu trazia da minha família. De aceitar a qualquer preço a orientação dada em gratidão as oportunidades de desenvolvimento que eu tive.

Anos depois consegui relatar este ocorrido em terapia e trabalhei a elaboração do meu sentimento. Sei que foi uma decisão tomada com os recursos que eu tinha. Não queria prejudicá-lo, meu amigo. Isso serviu para eu tratar os desligamentos seguintes que tive que fazer, com respeito, compaixão e consciência. E quando eu não me sentia preparada eu pedia ajuda do meu gestor. E o que eu mais queria era que aquele rompimento de trabalho não tivesse se tornado o término de uma amizade. Anos depois, quando eu fui desligada pela primeira vez na minha vida, eu resgatei esse primeiro desligamento que fiz.

Diferente de mim na condução do primeiro desligamento, quem me desligou, apesar de ter um suposto preparo e maturidade para conduzir o procedimento comparado a mim, possa ter vivido processo semelhante. E espero que esta situação tenha sido canal de aprendizado para ela se tornar alguém melhor.

Anos mais tarde eu também tive mais uma outra perda de amizade. Perdi uma dessas amigas para o câncer após um tratamento para engravidar. Logo ela, tão cheia de vida. Uma pessoa serena e que não tinha tempo ruim. Mesmo diante de situações tensas ela sempre fazia comentários engraçados que nos conectavam.

Lembro-me de eu lhe contar que tinha começado a namorar e nada do rapaz se pronunciar sobre um relacionamento sério. Ela dizia: "se ele te perguntar se quer casar você diz não, isso nunca passou pela minha cabeça. Desde criança nunca quis brincar de casinha, muito menos ter boneca para cuidar" e a gente caía na risada. Ela lutou até onde pode. As perdas são doloridas, mas nos fazem ver e aprender muitas coisas com elas.

26. Cursos, grupos e aliados para lidar com a Síndrome da Impostora

Hoje olho para trás e observo claramente como muitas vezes sofri o efeito da síndrome de impostora. Ainda numa época em que a síndrome não era sinalizada nem discutida.

Que bom que hoje existe uma evolução sobre o que é essa síndrome, seus efeitos e como pode ser combatida.

Em muitos projetos, vinha a dúvida: será que eu dou conta? E, na maioria das vezes, eu ia buscar ajuda. Mas mesmo após a ajuda e o projeto sendo bem-sucedido, a dúvida e o medo permaneciam. Sempre precisava estar estudando e fazendo mais. Trabalhava mais horas no dia, chegando mais cedo ou ficando no escritório até tarde. Trabalhava nos finais de semana e, durante um bom tempo, trabalhei sem marcar ponto de entrada ou saída. Tudo para dar conta do serviço. Uma época em que eu não priorizava o sono nem a alimentação.

Hoje percebo que vivia o processo chamado de expansão da identidade. Segundo um curso que fiz com Emilie Aries, essa expansão da identidade são períodos em que a gente redefine o senso de identidade. Num desses momentos, eu estava vivendo meu primeiro processo de liderança. Um processo carregado de elementos de pressão que passavam pelas entregas em si que eu tinha que fazer, tanto o resultado como a forma para atingi-las, mas sobretudo que não dependiam só de mim. Existiam outras pessoas no jogo.

Hoje tenho mais maturidade e ferramentas para lidar com essa situação. Procuro ser mais cuidadosa comigo e respeitar meus limites. Quando cometo um erro, busco explicar para mim mesma o que ocorreu e o que eu aprendo com isso ao invés de só ruminar o problema como eu fazia antes.

Um exemplo dessa mudança de mentalidade ocorreu recentemente. No dia do meu aniversário, recebi uma ligação de alguém de uma loja conhecida de chocolates pedindo para confirmar meu endereço e avisando que seria enviada uma lembrança pelo meu antigo time de trabalho. Foram confirmados dados pessoais como meu endereço e datas de aniversário da empresa. Pensei que seria uma ação especial de homenagem que estaria recebendo no meu aniversário. Não pensei duas vezes. Recebi o presente, paguei o serviço de entrega de menos de dez reais. Poucos minutos depois, descobri que tinha sofrido um estelionato com um débito de dez mil reais no meu cartão de crédito. Pensei em como fui ingênua. Fiquei triste e com raiva. Mas depois pensei que tomei decisões com base nas informações que tinha. E foquei no que eu podia aprender com isso. Nesse caso, desconfiar mais de tudo aquilo que "mexe" com meu emocional.

Dessa forma, entendo que substituir o ruminar por aprender é a solução. Entender que pressões fazem parte dos processos da vida e buscar recursos que nos fortaleçam neste momento. Recursos tais como lembrar dos meus sucessos, compartilhar eles, buscar aliados, ter um plano de desenvolvimento.

E, nesta trajetória, encontrei um grupo de benchmarking que trocava experiências de gestão de expatriados e contava com profissionais mais maduros e experientes. Era o grupo GDI – Grupo de Designados Internacionais, sediado lá Rio. Com profissionais com grande capacidade de dividir e colaborar. Como foi bom ter com quem dividir não apenas as dúvidas das tarefas em si, mas aquelas dúvidas relacionadas a outros aspectos como relacionamento com gestor, times, fornecedores e parceiros de negócio. Foram profissionais desse grupo que me ajudaram num processo decisivo para minha carreira: minha mudança para São Paulo. Neste grupo, compartilhei que tinha recebido uma proposta e pude ouvir opiniões a respeito de quem tinha mais experiência de vida. Este é mais um exemplo para mim do poder de ter aliados.

27. Novas conquistas: um apartamento e a proposta de mudar para São Paulo

A vida na quitinete foi ficando literalmente apertada pela falta de espaço. Minha irmã e eu começamos a procurar um lugar maior para morar, mas que fosse perto das nossas rotinas de trabalho e estudos.

Minha irmã trabalhava como prestadora de serviço para um banco. Tinha acabado a faculdade e de passar por uma frustração. Seu visto de estudante de seis meses para fazer um curso de inglês na Austrália foi negado.

Esta negativa de visto foi algo que para mim, que já trabalhava conhecendo regras de imigração e processos de movimentação internacional, teve mais relação com arbitrariedade do que com qualquer regra. A justificativa de não aprovar o visto porque ela não tinha recurso financeiro suficiente para se manter em Sydney para mim foi equivocada. Esta situação com certeza é história para outro livro. Eu e toda família ficamos chateados por ver minha irmã tendo o impedimento de realizar seu sonho.

Nesse contexto surgiu a oportunidade de financiar um apartamento no bairro do Cachambi, localizado na zona norte do Rio. Apesar de já ter conhecimento de que valia mais a pena morar de aluguel, juntar valores para depois dar entrada numa compra, eu fiz algumas contas. Optei por financiar e aproveitar o procedimento de abatimento de saldo do Fundo de Garantia por Tempo de Serviço, o famoso FGTS. Era uma época que o valor de entrada exigido para financiamento era bem reduzido comparado aos dias atuais.

Lembro-me de começar a pesquisar imóveis na zona sul onde ficava a quitinete que morávamos, mas o preço de compra nesta localidade era totalmente fora da nossa realidade. Então pensamos numa alternativa que tivesse condução fácil.

E foi assim que eu saí de Miguel Couto, em Nova Iguaçu, passei uma temporada na residência universitária da Urca, depois um tempo numa quitinete em Botafogo, e fui morar num novo endereço localizado no Cachambi.

Cachambi era um bairro da zona norte do Rio, bem menos sofisticado quando comparado aos bairros da zona sul, mas com fácil acesso para onde quiséssemos ir. Apesar de estar próximo da favela do Jacarezinho e ter a vista do andar, ainda que distante, do Complexo do Alemão, o prédio estava próximo de shoppings populares da região e da linha Amarela.

Meus pais ficaram maravilhados quando foram visitar o imóvel pela primeira vez. Após pegar as chaves, meu pai foi pintar o apartamento. Aos poucos fomos reformando o imóvel, instalando itens como lâmpadas, box e louças de banheiro.

Tenho lindas lembranças da felicidade dos meus pais naquele apartamento de 62 metros quadrados, e quente para chuchu. Me arrisco a dizer que poderia cozinhar um ovo no verão dentro dele.

Tomamos a decisão do primeiro eletrodoméstico para comprar era um ar-condicionado. E o segundo item que decidi comprar foi uma estante para guardar livros. Já não aguentava ver nossos livros espalhados em bolsas de mercado.

No Cachambi conheci uma rua muito famosa pela venda de móveis com várias lojas especializadas em fabricação de estantes. Estive em uma dessas lojas com desenho no papel da estante que eu queria. Coloquei que desejava compartimentos na parte de baixo com porta para fechar. Ela tinha uma entrada tipo rack para colocar o computador. Planejei aquela estante com todo cuidado e dedicação. E eu gostaria que a estante fosse de uma madeira boa para durar para sempre. A estante levou quase dois meses para ficar pronta, e, pouco menos de um ano morando naquele apartamento, me deparei com nova realidade que me fez repensar que muitas coisas nesta vida não são para durar para sempre.

Uma nova reestruturação da empresa iniciou e caminhava para a formação de uma joint venture, o primeiro processo de fusão que eu viveria.

Era novembro e a empresa havia decidido que toda a área corporativa de Recursos Humanos mudaria para São Paulo até abril do ano seguinte.

Eu recebi a proposta de mudar para São Paulo e atuar numa nova área com um novo chefe. Faria lá um grande movimento de repatriação dos estrangeiros existentes e deveria começar a atuar como novas atividades mais voltadas para remuneração e benefícios. Me foi ofertado um aumento salarial e ajudas de custo para apoiar moradia e instalação por cerca de um ano.

Fazendo as contas, eu vi ali dois ganhos na proposta de mudança para São Paulo. Além da oportunidade de expandir conhecimento e área de atuação, era ter recurso financeiro adicional para me ajudar a pagar o apartamento que tinha financiado. Nem que fosse para, após quitar o apartamento, e eu retornar para o Rio.

Ainda assim, a decisão de mudar para São Paulo era difícil porque envolvia uma distância ainda maior da casa dos meus pais e eu tinha medo disso.

Passaram as festas de fim de ano e eis que minha irmã recebe a notícia de que o banco em que trabalhava estava fechando a operação de investimentos no Rio e mudando para São Paulo. E ela recebia uma proposta de trabalho de deixar de ser colaboradora terceira, para ser colaboradora efetiva no banco em São Paulo. Era o que precisávamos para as duas tomarmos a decisão de mudar de estado.

Já era o ano de 2004 e recebi no prédio Mourisco, no Rio, meu novo chefe que veio de São Paulo para me conhecer e combinar a transição de atividades. Apesar de ter direito ao serviço de mudança pela empresa, transferi poucos objetos para São Paulo. Mantive o apartamento no Rio fechado para uso eventual por quase 4 anos até decidir alugá-lo.

Me arrependi de ter levado tanto tempo para decidir alugar, seja pela perda financeira, seja por manter o pensamento de que haveria um retorno breve ao Rio, mesmo não tendo uma previsão de quando isso poderia acontecer.

A mudança para São Paulo me fez repensar várias opiniões e decisões tais como a escolha de móveis ou utensílios para durar como aquela tão sonhada estante que desejei para guardar meus livros. Desde então passei a me questionar o custo x benefício de algo que fosse para durar muito ou para sempre. Não levou muito tempo e eu passei a priorizar coisas que me atendessem na necessidade do momento.

28. Mudança para São Paulo

Apesar do apoio dos meus pais, da companhia da minha irmã e do mundo de possibilidades que se abria nesta nova cidade, continuava com medo e culpa por estar indo para São Paulo.

Meu pai, nessa época, estava prestes a se aposentar. A empresa em que ele trabalhava havia indicado que tão logo saísse sua aposentadoria pelo INSS ele seria desligado. Com este cenário, meu pai tomou a decisão de se mudar para Arapiraca. E minha mãe apenas confirmou a decisão de não ir junto com ele. Não devia ser uma novidade porque ela compartilhava desde sempre que nunca mudaria de volta para o Nordeste. Ela não queria ficar longe das suas filhas, ainda mais agora com nossa mudança de cidade. Ela dizia que não iria porque São Paulo era mais perto que Arapiraca. E ela tinha razão. A diferença de onde ela morava no Rio até São Paulo era de 400 km. Já a distância de São Paulo até Arapiraca era de mais de 2.300 km.

Viajei com meu pai para o estado das Alagoas no início do ano seguinte, logo após ele receber a carta de aposentadoria e ser desligado. Ele tinha intensão de morar na mesma casa que era da minha avó. Mas esta casa, na época, estava ocupada pela minha tia, irmã dele. Conseguimos convencê-lo a usar o recurso das indenizações do desligamento para comprar uma nova casa lá. E, em poucos dias, conseguimos dar entrada na compra de uma casa. Sem pesquisar muito, encontramos próximo de onde minha avó morava uma casa grande com quintal e que tinha várias coisas para consertar.

Não pensei duas vezes. Achei uma ótima alternativa já que daria bastante ocupação nos primeiros anos de volta para Arapiraca para meu pai arrumar e organizar. Confesso que em pouco tempo me arrependi porque a quantidade de coisas para arrumar começou a exceder as expectativas. Seja pela quantidade, seja pela gravidade. Só para se ter uma ideia houve a necessidade de substituir o telhado da casa.

Feita a mudança do meu pai para Arapiraca, chegava nossa hora de ir para São Paulo. Eu fui em abril. Minha irmã já tinha ido em março. Ficamos dois meses morando num apart hotel pago pela empresa na região do Itaim Bibi. Trouxemos mamãe para passar algumas semanas conosco no apart hotel, logo que mudamos, e depois sempre que podia ela vinha e ficava alguns dias.

Estar em São Paulo foi um sonho para ela, e para a gente também. Fazíamos muitos passeios com ela em São Paulo. Igrejas, teatros, parques e pizzarias. Conseguimos ir ao Museu do Ipiranga bem antes de fechar para as reformas. E sem esquecer da visita frequente às padarias. Nessas viagens ela recordava muitas histórias de quando era ainda solteira, passou uma temporada curta em São Paulo antes de se mudar para o Rio. Ela dizia que passou muito frio na terra da garoa. Dizia "minha filha, São Paulo é gelo". E contava dos medos que tinha como de usar um cobertor elétrico que sofreu curto-circuito na casa de uma família em que ela trabalhava.

Mamãe morou em São Paulo em 1967, e um ano depois mudou para o Rio. Ela lembrou de ter trabalhado numa fábrica de roupas infantis na região de Santo Amaro. E de trabalhar numa casa de uma família na região do Ibirapuera. Sobre esta casa de família, ela lembrou que a casa ficava localizada na Av. IV Centenário.

Numa dessas viagens minha irmã e eu a levamos de volta ao local para reconhecer o local no qual trabalhou. Era uma época sem aplicativos como Waze ou Google Maps e tentávamos nos localizar no livro guia de ruas antigo, que, após os primeiros meses na cidade, já estava cheio de orelhas e um pouco amassado. Procuramos pelo índice onde estava esta Av. IV Centenário e nada de encontrá-la. Foram algumas tentativas até conseguir entender que se tratava do número romano e a busca que estávamos fazendo iniciando pela letra do "quarto" e não o número romano. No dia em que mamãe viu no apart hotel a atriz Arlete

Sales tomando café no mesmo local que ela, ficou emocionada.

Eu também tinha muita satisfação de estar ali naquele apart hotel, olhando para trás e para todas as experiências vividas até ali. Confesso que os dois meses pagos pela empresa em um apart hotel localizado na região do Itaim Bibi também me fizeram ficar deslumbrada. Além dos serviços de um hotel, a região de classe média alta me provocava uma sensação de estar numa nova realidade social. E de fato é o que era mesmo.

A menina que tinha saído de Miguel Couto, Nova Iguaçu, passado uma temporada na URCA, Botafogo e Cachambi, agora estava em São Paulo. A menina que usava cabelo preso, calça jeans e camisa comprida para se proteger da violência e não chamar atenção, agora estava em outro mundo.

Nos primeiros meses fiz amizade com outras pessoas que tinham mudado recentemente e também estavam hospedadas no mesmo lugar. Aproveitávamos durante a semana para fazer happy hour e conhecer mais a cidade. Confesso que fiz isso nos primeiros meses, mas fui tendo consciência de que a frequência dessas saídas causava efeito no bolso, e também na falta de sono e descanso. Na hora de decidir onde alugar o apartamento para morar, havia a dúvida onde ficar, mas entre outros motivos contou na decisão de não ficar tão próxima da região mais próxima dos happy hours e baladas.

Minha mãe não quis mudar para São Paulo conosco. E assim eu mantive a visita ao Rio uma vez por mês, revezando com minha irmã. O problema disso é que não mais nos encontrávamos, minha irmã e eu, no mesmo fim de semana, para passar juntas as duas filhas com a mamãe.

Por outro lado, este revezamento permitia manter o acompanhamento da rotina de mamãe com nosso apoio a distância que foi tornando-se cada vez mais necessário. A ausência do meu pai, o avanço da doença e o adoecimento e/ou morte de pessoas próximas e queridas foi tornando a ida frequente nos finais de semana uma necessidade. E nesse contexto, as três coisas que mamãe dizia que quando tivesse uma casa só dela, ela jamais gostaria de ter, uma delas tornou-se imprescindível.

Mamãe dizia que era sempre muito difícil lidar com telefone, campainha e cachorros nas residências onde trabalhava. Com o passar do tempo, ela foi acostumando-se. Telefone e campainha passaram a fazer parte do dia a dia e ela entendeu a utilidade de cada um. Já os cachorros que passamos a ter desde nossa época de criança, mas com nossa ausência de casa, passaram a ser moradores fiéis que faziam companhia para ela que os tratava como filhos.

29. Dinâmica São Paulo x Rio nos primeiros anos

Eu vivi até os 18 anos numa mesma casa e depois fui viver numa residência universitária.

Depois mudei e fui dividir locais para morar com minha irmã.

Depois mudei para São Paulo.

Nas idas e vindas, durante muito tempo não reconhecia mais meu lugar de casa. Mas neste período um lugar que passou a ser a minha "casa" foi o trabalho. Lá eu me sentia em casa. Conhecia cada detalhe dos layouts, das estações de trabalho aos banheiros, passando pelas diferentes lanchonetes e salas de descompressão. Vi os diferentes tipos de máquinas de café até as sofisticadas vending machines.

Num sábado em que trabalhei de manhã, num dos meus primeiros locais de trabalho, minha mãe foi encontrar-se comigo e lá havia uma máquina com chocolate. Nós íamos assistir no final do dia à apresentação do Papa João Paulo II no encontro com as famílias no Maracanã para o qual uma amiga tinha nos concedido o ingresso. Uma das coisas que quis mostrar para mamãe era a copa do prédio e a máquina de fazer chocolate. E assim se seguiram anos e mudanças de prédios corporativos, e continuei mantendo uma conexão importante com esses locais de trabalho.

Pouco tempo depois da minha mudança para São Paulo descobri que meu pai levou para Arapiraca uma amante para morar com ele lá. A amante era uma mulher que foi uma vizinha da nossa casa no Rio e tinha amizade com mamãe. Oito anos antes minha irmã tinha percebido algum envolvimento entre os dois. Na época minha irmã e eu fomos na casa dessa pessoa para tirar satisfações, mas meu pai negou. Minha irmã ficou como mentirosa durante esse tempo e oito anos depois veio à tona a verdade.

Ao longo dos primeiros anos em São Paulo, como este, existiram outros eventos dolorosos. Tivemos o falecimento de um tio com um ataque cardíaco, um filho de uma prima com leucemia, dois tios que sofreram AVC e ficaram com sequelas, e, ainda, outra prima que faleceu de leucemia de uma forma muito rápida.

Foram momentos duros de luto, de sentimento de culpa por estar longe e não poder ajudar quem estava vivendo de perto tudo aquilo. Em minha história já tinha vivido situações trágicas de perdas e perdas repentinas como foi o atropelamento da minha avó ou o marido de uma prima que foi assinado na véspera de Natal ao retornar do trabalho para sua casa. Mas a quantidade de situações que tinham acontecido em tão ponto tempo, logo após mudar para São Paulo, me fizeram ficar com sentimento de que a qualquer momento mais alguma coisa ruim podia acontecer. Passei alguns meses com um certo pânico em atender telefone quando via que era do Rio ou de Alagoas.

Sentia-me muitas vezes culpada de não estar ao lado da mamãe diariamente. Sempre tentava me convencer que pelo menos podia estar a uma distância de pouco mais de 400 km e numa urgência eu demoraria só um pouco mais para chegar. Se fosse de avião, eu demoraria 2 horas, entre tempo do voo e trajeto dos aeroportos até Miguel Couto. Se fosse de carro ou avião, demoraria umas 6 horas. Nessa época minhas idas ao Rio eram de diferentes formas, de avião, de carro, de ônibus ou de carona. Faltou só ir a pé ou de bicicleta. E as viagens da ponte aérea ou da rodoviária Terminal Tietê x Rodoviária Novo Rio eram cercadas de muita emoção.

Teve uma época que viajava à noite e não conseguia dormir, mas foi por pouco tempo. Depois eu entrava no ônibus, colocava o cinto de segurança e somente acordava quando o motorista avisava "Nova Iguaçu". Nova Iguaçu era a parada em que eu descia para pegar mais uma condução de 30 minutos até o bairro de Miguel Couto, e depois um mototáxi até a casa dos meus pais. Ter sido uma usuária frequente de noites de sexta-feira na rodoviária Tietê me fazia ser conhecida como cliente assídua de uma lanchonete. Tomava minha vitamina de mamão, banana e laranja antes de embarcar, observando o movimento frenético das pessoas enquanto aguardava o horário do meu ônibus. Muitas das vezes vivenciei as confusões de horários de embarque dos ônibus do início do dia, principalmente quando envolvia compra do bilhete de viagem do horário de meia-noite e vinte.

Nos primeiros anos optava por voltar ainda na sexta e aproveitar algum happy hour com os amigos no Rio. Dormia no apartamento do Cachambi e ia para a casa dos meus pais em Miguel Couto no dia seguinte. Em pouco tempo essa dinâmica foi ficando inviável. Além do custo de transporte, dividir o final de semana entre happy hour na zona sul do Rio e estadia na casa dos meus pais era humanamente impossível. Aos poucos fui percebendo que não conseguia dar atenção completa a nenhum dos dois grupos, além de não sobrar nada de tempo para eu descansar e recarregar baterias.

Foi quando decidi nos finais de semana que ia ao Rio só me dedicar à casa dos meus pais. Isso de certa forma foi me afastando da intimidade da maioria das amizades do Rio. Algo que amenizou essa distância foi o início do uso das redes sociais. Apesar de todos os problemas que redes sociais trazem, elas passaram a ser um recurso importante para eu estar de alguma forma próxima dessas pessoas com que passei conviver com distância.

Viajando à noite, eu chegava por volta das seis horas da manhã de sábado na casa dos meus pais. Entrava em casa tentando não fazer muito barulho, mas Bethoven, nosso cachorro, vinha latindo, correndo me ver. Tirava o sapato, jogava a mochila no sofá, e corria para a cama e me deitava do lado da mamãe. Sentir seu cheirinho era tão gostoso e me sinalizava na hora que tinha valido a pena o sacrifício daquela viagem.

Antes de fraturar o fêmur, mamãe se levantava primeiro e já preparava o café e depois ia me chamar. Na época tinha incorporado no café da manhã salada de frutas de mamão e banana com granola, que ela tinha aprendido no café da manhã do "famoso flat", o apart-hotel em que ficamos hospedados nos primeiros meses em São Paulo. Mas o seu pão assado com manteiga na frigideira era o melhor de todos. A receita original desse pão era do meu pai, mas ela tomou posse após a mudança dele. Tomávamos o café, falávamos como tinha sido a semana. Recebia a lista de reclamações da casa que sempre tinha algo para resolver.

Do entupimento da pia, passando pelo reparo da caixa d'água até troca da válvula disso ou daquilo. O final de semana era corrido, tinha que fazer compras no mercado e na farmácia. Após o almoço tínhamos nossos momentos de luxos. Íamos para o salão de beleza do centro de Miguel Couto fazer unha e escova, eu e mamãe. Ela se sentia o máximo. Quando tínhamos mais tempo íamos ao shopping Grande Rio, para comprar algo no hipermercado, ir ao salão de beleza chique para fazer as sobrancelhas e retirar os pelos do nariz. Dessa parte ela não gostava. Na verdade, odiava essa última, mas aceitava fazer. Lanchávamos com direito a uma casquinha do McDonald's. Não adiantava comprar uma sobremesa mais cara, ela sempre dizia que a melhor era a casquinha de lá.

Foi nesse período que ela reconheceu algo. Ela dizia que queria muito ter tido filhos homens, mas se conformava que Deus quis dar só duas mulheres para ela. Às vezes ela comentava de se arrepender por não ter adotado um menino. Porém, naquela altura ela entendia que ter as duas filhas tinha sido o melhor que tinha acontecido.

30. Doença da mamãe

Minha mãe foi diagnosticada com artrite reumatoide aos 47 anos, minha idade atual enquanto escrevo este livro.

Segundo a Sociedade Brasileira de Reumatologia, Artrite Reumatoide (AR) é uma doença inflamatória crônica que pode afetar várias articulações. A causa é desconhecida e acomete as mulheres duas vezes mais do que os homens. Segundo a reumatologista que a atendeu por mais de vinte anos, ela acreditava que o que estava por trás de todas as patologias autoimunes, como AR, era o emocional abalado da pessoa.

A doença começou na minha mãe com dores nas articulações das mãos, passando pelos pulsos e depois chegando nos joelhos e tornozelos. Ficavam inchados e avermelhados. Entre outros sintomas, ela tinha muita dor e falta de libido. No início, muitas vezes não entendia a cara que ela fazia de dor. Tinha dias que a dor vinha só de manhã e ao longo do dia ela ficava bem.

Ela buscou tratamento médico, mas tinha a impressão de que não melhorava, pelo contrário, a doença evoluía. E, à medida que eu ia crescendo, ia entendendo aquela dor. Muitas vezes quis que sua dor se transferisse para mim.

Nessa época, ela era tomada por seguir indicações extra medicinais, por exemplo, tomar garrafadas de um mix de ervas que diziam ser de uma receita indígena e que curaria a doença. Ou uso de uma pasta de óleo de peixe da Amazônia. Ela dormia com as mãos e pulsos enfaixados com uma mistura de álcool e saião. E sempre manteve o uso daqueles remédios cheirosos como Gelol e, mais tarde, da marca Salompas. A doença era controlada com medicamentos como corticoide e cloroquina, que causavam muitos efeitos colaterais.

Nos dias de crise forte, ela nem conseguia se levantar da cama. Desde cedo ajudávamos nos serviços domésticos da casa, e isso foi ampliando cada vez mais a responsabilidade minha e da minha irmã de cuidar da casa por conta da doença.

Minha mãe já não conseguia torcer roupa, pegar uma panela cheia ou cortar um frango. As limitações de não poder fazer as coisas na cozinha a deixavam mais triste. Quando comecei a trabalhar, combinamos de ter uma pessoa para ajudar nas atividades domésticas. Esta pessoa era filha de uma vizinha amiga que morava ao lado e tinha flexibilidade para vir em casa ajudar, e que minha mãe considerou por muito tempo uma filha.

À medida que crescia, ia buscando mais conhecimento sobre a doença. Primeiro, através de uma colega da residência universitária que também tinha AR e fazia um tratamento homeopático com médicos da universidade. Depois, já em São Paulo, tive conhecimento de remédios biológicos que começavam a ter uma resposta positiva no controle da doença e que evitavam efeitos colaterais. Ao questionar os médicos da minha mãe se ela também deveria usar os remédios biológicos, eles diziam que não. Diziam que, pela idade dela avançada, apesar dos efeitos colaterais dos remédios tradicionais, eles eram a prescrição mais adequada. E assim se seguiu o tratamento.

A famosa cloroquina na época era cara. Muitas vezes minha mãe e minha irmã iam buscar de trem este remédio num laboratório do governo localizado na Zona Norte do Rio. E os efeitos colaterais desses remédios tradicionais não demoraram muito a chegar. Minha mãe teve inflamação no intestino, osteoporose e artrose. Me lembro da sua médica dizer: "Vamos tratar do trio maravilha: AR + osteoporose + artrose". Tempos depois, convivendo num grupo de apoio para portadores de AR, ouvi muitos relatos dos benefícios dos remédios biológicos.

Outros recursos que apoiam bastante no processo de controle dessa doença são bons hábitos alimentares combinados com rotina de atividades físicas. Minha mãe até chegou a fazer hidroterapia durante um bom tempo. No início, ela ia sozinha. Até que um dia caiu ao descer do ônibus, e aí decidimos deixar o carro no Rio, justamente para que ela pudesse ir duas vezes na semana fazer os exercícios. Tínhamos dois vizinhos que se revezavam em dirigir o carro para levá-la, e pagávamos uma ajuda para eles a levarem. Sou eternamente grata pelo que puderam fazer pela minha mãe nas idas aos médicos e terapias.

Ao longo do tempo, percebi o efeito do estado emocional que a reumatologista da minha mãe tanto falava. O emocional pode não ser a causa da AR, mas sem dúvida apoia e ajuda no controle e recuperação da doença. Minha mãe foi teimosa muitas vezes por demorar em aceitar ajuda. Por exemplo, ela só aceitou ir de carro para fazer a hidroterapia após a queda do ônibus. Tive arrependimento por não ter insistido com os remédios biológicos e/ou por sua mudança de hábitos. Talvez se insistindo mais, sua realidade teria sido diferente. Hoje busco consciência de não aceitar essa culpa. Procuro ver mais uma vez que foi a decisão que se tomou com os recursos que se tinha.

Foram 32 anos da minha mãe com a doença e convivendo com dor. Às vezes questiono como ela conseguiu sobreviver. Ao longo desse tempo, uma constatação que eu tinha, apesar da dor, é que ela sorria bastante.

Possivelmente sorriu muitas vezes sem querer sorrir. Acho que ela sorria mesmo com dor para apoiar as filhas, para ser um ombro amigo. Os dicionários costumam definir dor como impressão desagradável ou penosa, decorrente de alguma lesão ou contusão, ou, ainda, como um estado anormal do organismo ou de parte dele. Minha mãe tinha uma dor física que indicava que algo não estava funcionando. Mas com certeza ela tinha também uma dor moral pela angústia, desespero e medo de até onde aquela doença pioraria. Até quando ela teria autonomia de andar e fazer suas coisas como ela dizia.

Uma outra amiga que passou recentemente pela recuperação extraordinária de um aneurisma, me disse que a dor retira a dignidade humana. E foi isso que eu fui vendo com a evolução da doença da minha mãe, esta perda da dignidade humana. Mas vi também sua luta por esta dignidade. Minha mãe lutou até onde pôde fisicamente para se sentir útil. Resistia a ter uma ajudante, ou mais tarde um cuidador. E, mesmo assim, quando ela teve sua mobilidade reduzida, ela usava os recursos que tinha. Ela usava o recurso de suas palavras, com incentivo e com seu sorriso.

Para o filósofo alemão Immanuel Kant (1724-1804), a dignidade é o valor de que se reveste tudo aquilo que não tem preço, ou seja, que não é passível de ser substituído por um equivalente. E entre os sinônimos de dignidade, eu encontrei: Honestidade, Serenidade, Seriedade, Integridade, Excelência e Respeitabilidade. Minha mãe dizia "Seja honesta, minha filha. Tudo que você for fazer, faça com amor e o melhor que você pode. Quem tem boca vai a Roma, sem cabeça quente. Sempre, em toda situação, mantenha a calma".

31. Não teve mudança internacional, mas teve impacto cultural

Dois anos após minha mudança para São Paulo, comecei a participar de um processo seletivo para uma oportunidade de trabalho na cidade de Madrid, na Espanha. Infelizmente, não passei na seleção. Quando surgiu uma segunda oportunidade internacional de trabalho que poderia concretizar, deixei passar.

A proposta era um trabalho local que envolveria minha mudança definitiva, e tomei a decisão de não ir para estar mais perto da minha família, considerando como as coisas caminhavam e caminhariam nos anos seguintes. Tenho clareza hoje de que a meta de carreira que não alcancei foi essa: não ter trabalhado no exterior. Foi uma decisão consciente de não ficar distante da minha mãe.

Apesar de não ter trabalhado no exterior, minha mudança para São Paulo me ajudou a experimentar os impactos culturais ao mudar de local de residência. Essa experiência me permitiu compreender e aprofundar meus estudos sobre movimentação internacional e como melhor apoiar colaboradores e suas famílias que vivenciam a mudança de país.

Antes de me mudar para São Paulo, considerava-me uma pessoa preparada para mudar de cidade de residência, baseando-me na minha experiência anterior de morar em uma cidade menor, Nova Iguaçu, e trabalhar e estudar na cidade do Rio de Janeiro, além de ter morado em uma residência universitária. No entanto, a realidade mostrou que não era bem assim. Quando me mudei para São Paulo, percebi que, apesar de não ter saído do país e mesmo da região Sudeste, a cultura e suas sutilezas, como a forma de relacionamento, eram bem diferentes de uma cidade para outra.

Passei a perceber que essas diferenças podiam ter efeitos diversos, dependendo da realidade de cada um. Quem se mudava sozinho, solteiro, por exemplo, enfrentava um impacto diferente de quem se mudava com a família.

Minha irmã e eu fomos morar no bairro Vila Mascote, localizado na Zona Sul de São Paulo, estrategicamente escolhido por ser bem servido de transporte até o trabalho. Com apenas um ônibus, eu conseguia chegar até o endereço do escritório onde trabalhava, ou até a estação de metrô mais próxima, e o bairro ainda era próximo do aeroporto.

Outros aspectos também pesaram na escolha do local. Era um bairro onde muitas coisas podiam ser feitas a pé, com variedade de lojas como padarias e mercados. Além disso, era reconfortante para mim ter próximo a igreja originária do Padre Marcelo Rossi, daquela época em que ele se tornou famoso cantando músicas religiosas carismáticas. Depois percebi que a maioria dos colaboradores casados que se mudaram para São Paulo optaram pela Vila Mascote, enquanto os solteiros escolhiam Moema ou Brooklin, e eu, solteira, era um ponto fora da curva.

A Vila Mascote era o tipo de bairro onde, se você quisesse morar em um lugar e não quisesse encontrar gente da empresa onde trabalhava, não deveria ir para lá. Isso porque nos finais de semana você encontrava várias pessoas da empresa: na padaria, no mercado, na igreja, passeando na rua, ou até mesmo olhando pela sua janela. Como trabalhava em Recursos Humanos, sempre havia perguntas relacionadas ao trabalho quando aconteciam esses encontros nos finais de semana. No entanto, não me incomodava com essas abordagens; pelo contrário, acho que isso de alguma forma contribuiu positivamente para me sentir inserida no novo local de residência.

Muitas vezes me perguntavam: "Quando você volta para o Rio? É difícil um carioca ficar muito tempo em terras paulistas". Ou "Você não tem saudade da praia?". Eu não tinha resposta para a primeira pergunta. Quanto à pergunta seguinte, eu não sentia saudade da praia porque não fui criada na praia. Durante minha infância, a quantidade de vezes que fui à praia foi seguramente inferior ao número de dedos da minha mão. Na verdade, o ano em que mais fui à praia foi 2003, quando sabia que mudaria para São Paulo no ano seguinte. Ao invés de sentir falta da praia, o que mais senti falta do Rio foi do jeito mais informal e descontraído de conviver em algumas situações que hoje, ao passar dos anos, vejo em São Paulo, mas 20 anos atrás não via. Por exemplo, naquela época, chegar de chinelo de dedo em um shopping ou padaria podia ser criticado ou suscitar olhares de reprovação.

Outra coisa que me incomodava eram os meses de frio e a garoa, e ainda a garganta inflamada que me acompanhou no primeiro ano na cidade, deixando-me frequentemente gripada. Uma vez, um médico me disse: "Jacqueline, acho que já é hora de você se agasalhar mais". Então, passei a reforçar meu guarda-roupa com agasalhos, utilizando camisas de gola alta para proteger o pescoço nos ambientes frios. Mesmo não tendo saído do Brasil, acredito que vivenciei o impacto cultural, o que me fez mudar minha forma de ver o mundo.

32. Busca por crescimento profissional: viagem ao Canadá

Meu gestor na época em São Paulo era um indivíduo muito atento aos estudos e tendências da área. Essa preocupação estendia-se tanto para seu autodesenvolvimento quanto para o desenvolvimento da equipe. Sua influência era fortemente marcada pela experiência que adquiriu no meio universitário. Ele genuinamente acreditava na capacidade de aprendizado do profissional, das equipes e da organização, e demonstrava isso por meio de diversas ações.

Lembro-me dele dizendo: "Não fiquem apenas superficialmente lendo o que sai na revista Você XXX, aprofundem-se! É condição fundamental para sua evolução".

Apesar de já ter finalizado a pós-graduação em gestão de RH, eu sentia que precisava de mais. E decidi fazer um curso de intercâmbio de inglês na cidade de Toronto, no Canadá. Foram 30 dias de imersão com aulas e hospedagem em uma residência de família.

Vivi com uma senhora israelense que havia adotado Toronto como seu lar há muitos anos. Ela, minha *host mother*, tinha uma história de vida inspiradora, que incluía a mudança de Tel Aviv para Toronto, onde deixou filhos e netos, a cura de um câncer e o namorado do outro lado do oceano, na África. Namorava um nigeriano pela internet, usava um cabelo comprido na cintura feito de *dreads*, um emaranhado de tranças longas de cor vermelha, e era apaixonada pela África.

Sua residência estava repleta de objetos que representavam diferentes países africanos. Ela me questionava por que, morando no Brasil, ainda não tinha visitado a África, afirmando: "Além de ser um continente mais perto de vocês, vocês têm a obrigação de conhecer os países que lhes originaram".

Ela era uma pessoa de energia vibrante. Preparava o café dançando e, ao perceber meu nervosismo nos primeiros dias, dizia: "Você é uma rainha, você pode tudo. Aproveite que está aqui!". Ela dizia que eu era parecida com a Oprah Winfrey, alguém que na época eu não conhecia, mas quando soube quem era me senti mais do que lisonjeada com o elogio. Era uma injeção de ânimo diária, e eu seguia seus conselhos. Ela me levava para eventos com amigos à noite. Era primavera em Toronto, clima agradável, dias ensolarados. Durante os finais de semana, aproveitei para conhecer outras cidades próximas e guardo recordações e amizades dessa viagem.

Ainda estando lá, aproveitei para conhecer, pela primeira vez, um lugar especial: Nova Iorque. Pude passar um final de semana nesta cidade que até então era um sonho, mas acredito que eu ainda não tinha a dimensão exata do que aquela cidade poderia significar para mim e para o mundo. Viajei de ônibus numa noite de sexta-feira e, literalmente, quase não dormi nas quarenta e oito horas que se seguiram nesta cidade, visitando os pontos turísticos.

Não voltei fluente em inglês após essa viagem, mas essa experiência foi fundamental para quebrar o bloqueio que tinha para falar. Mais importante ainda do que isso foi me permitir enxergar o inglês não apenas como recurso de trabalho, mas sim como recurso para a vida.

O ponto alto dessa viagem foi, sem dúvida, ter conhecido aquela mulher que me hospedou, e até hoje, graças às redes sociais, conseguimos nos manter conectadas. Anos depois dessa viagem, ela sempre continua me ensinando algo com seu humor e gratidão por viver.

33. Primeiros grandes projetos em São Paulo: fusões, sustentabilidade e governança

Os primeiros anos em São Paulo foram repletos de experiências significativas, tanto pessoais quanto profissionais. Nesse período, comecei a participar de novos projetos, mesmo mantendo a responsabilidade pelas atividades de rotina. Os aprendizados desses projetos influenciaram positivamente os demais processos do dia a dia de movimentação internacional que eu liderava.

Neste momento eu estava envolvida em um cenário de fusão que resultou na formação de uma joint venture entre dois grupos, um espanhol e outro português. Um ambiente de euforia e tensão do processo de integração que me abriu oportunidades de crescimento.

Um processo de fusão diferente dos demais que vivenciei ao longo da minha carreira. O principal objetivo dessa integração não era apenas obter eficiência financeira, mas também oferecer ao mercado o melhor das duas empresas para conquistar mais clientes e expandir o mercado de atuação.

A fusão me introduziu a atividades novas dentro do universo de movimentação internacional, como localização de profissionais, além da harmonização de benefícios. Também participei de outros projetos fora dessa área. Destaco três projetos que me proporcionaram grandes aprendizados.

O primeiro foi fazer parte do time que ajudou a implementar ações para obter o ISE – Índice de Sustentabilidade Empresarial, uma ferramenta pioneira para análise comparativa da performance das empresas listadas na bolsa sob o olhar da sustentabilidade. O segundo foi a internalização de colaboradores terceirizados de lojas distribuídas por todo o país. Durante esse projeto, trabalhei por algumas madrugadas no prédio da empresa para regularizar diferentes processos de admissão e folha de pagamento. O terceiro projeto envolveu o preenchimento dos primeiros relatórios do Formulário de Referência de Companhias Abertas, exigido pela Comissão de Valores Mobiliários - CVM.

Este último projeto, em especial, proporcionou importantes aprendizados que me permitiram implementar políticas e ações para melhorar a governança nos temas que eu liderava, envolvendo remuneração, benefícios e atendimento da alta administração. Em todos esses projetos, pude trabalhar com times formados por diferentes áreas da companhia, o que ampliou minha visão, escopo de atuação, visibilidade e reconhecimento.

Além de atuar em projetos fora da minha área de conforto, a vivência de um processo de fusão me proporcionou aprendizados valiosos não apenas pelas oportunidades de administração de conflitos, mas também pelo desenvolvimento de relacionamentos interpessoais e construção de parcerias, por intermédio de atividades estratégicas e operacionais.

Lembrei-me de quando atuava na imobiliária, nos primeiros anos da minha carreira, atuando nas funções de atender o público e preencher formulários, mas que também faxinava o escritório se fosse preciso.

Lembro-me de uma viagem de São Paulo ao Rio que precisei fazer às pressas. Minha missão era coletar a assinatura de um representante da companhia para rescisão contratual de um executivo. Precisava da assinatura antes de sua viagem internacional para prosseguir com o desligamento, pois ainda não existia a assinatura digital.

Saí do aeroporto de Congonhas às 13 horas, mas só cheguei ao destino por volta das 18h. Consegui coletar a assinatura a tempo, antes da viagem internacional do representante. Após horas de voo e trânsito, quando cheguei à residência dele para pegar a assinatura, só queria usar o banheiro e beber água. Ele me disse que não me convidaria para entrar porque a casa estava "bagunçada com as crianças". Compreendi a mensagem e pedi ao taxista para parar em um posto de gasolina para eu poder usar o banheiro.

Lembrei-me da minha mãe, que sempre oferecia água, suco ou um pedaço de bolo a qualquer pessoa que visitava nossa casa. Saí do portão da casa daquele alto executivo com essa reflexão em mente. No mundo corporativo muita coisa é diferente. A forma que eu via mamãe tratando em casa as pessoas não seria a mesma que eu encontraria no mundo.

34. Início da psicoterapia, do mestrado e o apoio de líderes

Nessa época, apesar de me reportar a um gerente, lidava com muitos temas diretamente com a diretora responsável da área. Essa interação direta ocorria porque muitos dos assuntos que eu liderava envolviam altos executivos.

Eu prestava muita atenção em como ela conduzia as situações. Ela valorizava muito a qualidade do trabalho entregue, destacando o capricho, o cuidado nas palavras, o layout das apresentações e a habilidade de vender um projeto.

Recordo-me de um fim de ano em que outra gerente a homenageou com uma boneca da marca Estrela, demonstrando a adoração que a equipe nutria por sua liderança. Era uma líder que também prezava bastante pela própria apresentação. Muitas vezes, ia fazer reuniões no salão de beleza enquanto fazia unha ou cabelo.

Certa vez, ela me disse: "Jacque, você quer fazer muitas coisas, mas tudo tem seu tempo. Acho que isso é ansiedade, procure fazer terapia. Isso vai te ajudar".

Lembrei-me das palavras de Claudia Lourenço, que afirmou que "as palavras certas encorajam, valorizam e ajudam as pessoas a impulsionarem suas vidas e, ditas no tempo certo, são como bálsamo para as emoções". Sou muito grata a essa diretora por ter me dito aquilo, o que me motivou a iniciar a terapia há quase 15 anos. Fiz os primeiros 4 anos sessões de forma ininterrupta. Depois voltei a fazer quando engravidei. Depois retornei a fazer após o falecimento da minha mãe. Uma vez uma médica me disse que a psicoterapia é nosso MBA de vida. Eu acredito nisso.

A psicoterapia se tornou uma extraordinária ferramenta de autoconhecimento para mim. Ao longo dos anos, ela foi fundamental para lidar com medos, expressar temores e obter segurança para enfrentar as diferentes situações da vida. Diferentes situações, tais como a relação com meu pai, sentimentos de culpa, ou, ainda, ter clareza sobre minhas metas de carreira.

A terapia me ajudou a entender a dor de não ter trabalhado no exterior e acolher que ela não tinha perspectiva de acontecer pela minha decisão de não ficar ainda mais distante da família.

Após essa decisão, direcionei meus esforços para um curso de mestrado, aprofundando-me nos estudos sobre movimentação internacional e ampliando conhecimentos em outras áreas de RH, como aprendizagem e desenvolvimento.

Durante o curso, tive o apoio de gestores que me possibilitaram conciliar trabalho e estudos, como o gestor que me liberava uma tarde por semana para frequentar as aulas presenciais do curso de mestrado. Essa liberação foi crucial para minha participação no curso.

Ao olhar para trás, percebo que minha experiência com líderes ao longo da jornada foi mais positiva do que negativa, a maioria me apoiou, e, ainda, mesmo aqueles que não foram bons líderes me ensinaram lições valiosas.

No decorrer dos dois anos do curso de mestrado tive uma alergia chamada urticaria colinérgica que me atacava e eu coçava braços e pernas a ponto de tirar a pele. Depois de passar por vários médicos sem saber o que era, cheguei no diagnostico, que dizia que era fruto de stress. E era de fato o stress do curso. Eu brincava com os meus colegas que só fomos ter uma amizade após o término do curso porque durante o mestrado os alunos só se juntavam para fazer trabalho. Não sobrava tempo para um bate-papo ou um chopinho após a aula.

Depois de mais de dois anos estudando era necessário apresentar a dissertação que era o trabalho de conclusão do curso. O curso trouxe vários insights de temas para este trabalho que passavam por áreas como diversidade, cultura e valores organizacionais.

Mas eu queria fazer algo relacionado ao universo da movimentação internacional. Depois de muito refletir, escolhi falar sobre o processo de aprendizagem na movimentação internacional. O processo de aprendizagem para a pessoa transferida, sua família e para as organizações envolvidas.

Meu orientador desde início comprou a ideia e me disse "você precisa falar com quem viveu este processo de movimentação já há algum tempo". O distanciamento ajudaria na melhor capacidade da pessoa avaliar e compartilhar o que foi aprendido neste processo.

Viajei para Portugal para entrevistar ex-expatriados e obter suas percepções. Eu tinha atendido a maioria deles durante um dos processos de fusão.

Foi um investimento de tempo e financeiro importante. Tive a ajuda do Mackenzie para realizá-lo, com o financiamento dos gastos como o bilhete aéreo. Tive também a ajuda de um amigo que me hospedou em Lisboa e Coimbra.

A escolha de entrevistar os expatriados portugueses não foi por acaso. Lembrei-me muito da minha *host mother* do Canadá que dizia: "Lembre-se sempre de conhecer suas origens, se o Brasil foi colonizado por portugueses e africanos, no mínimo você tem que conhecer um pouco mais da cultura deles".

Essa experiência não só contribuiu para o trabalho final, mas também me permitiu reconectar com colegas e resgatar laços profissionais. Numa época em que as reuniões virtuais eram restritas ao áudio, encontrar pessoalmente com as pessoas, e interagir foi muito prazeroso.

Finalizei o curso de mestrado com a sensação de missão cumprida e confesso que também esgotada. Após o término, desenvolvi uma aversão à leitura, resultado do esgotamento mental. Fiquei um tempo só lendo o que era necessário para o trabalho. Eu dizia que não queria ler nem lista de compras de supermercado. Mas passou.

O que ficou foi muita gratidão a estas pessoas entrevistadas, não apenas pela disponibilidade em me atender, a doação de seu tempo. Minha gratidão por me ajudarem nesse meu projeto pessoal. Me lembrava da minha mãe dizendo "minha filha, no mundo tem muita gente boa".

Minha profunda gratidão ao meu orientador, Dr. Diógenes de Souza Bido, que me ajudou durante todo o processo e conclusão do curso de Mestrado em Administração de Empresas da Universidade Presbiteriana Mackenzie na linha de Gestão Humana e Social nas Organizações.

35. Câncer do papai

No ano seguinte à minha chegada em São Paulo, minha irmã começou a namorar quem é hoje o meu cunhado. O relacionamento deles se consolidou ao longo dos anos, culminando em um pedido de casamento. A data da cerimônia foi agendada com mais de um ano de antecedência. Apesar de ficar feliz com a felicidade dela, pensei que talvez eu estivesse destinada a permanecer solteira. No entanto, Deus tinha algo reservado para nossa família.

Nesse mesmo período, meu pai começou a adoecer. Naquela época, ele não tinha plano de saúde, e as dificuldades de acesso a atendimento médico em Arapiraca o levaram a retornar para o Rio de Janeiro em busca de tratamento.

Tanto eu quanto minha mãe relutamos em tê-lo de volta, especialmente considerando a dor que sentíamos por sua traição ao levar uma amante para viver com ele quando mudou para Arapiraca. Em meio à doença, a amante decidiu deixá-lo, revelando que o ditado "quem come a carne deve roer o osso" não se aplicava à sua última relação.

Apesar das mágoas, minha mãe ainda o amava e, ao observar o surgimento de nódulos em seu pescoço e axilas, aceitou tê-lo de volta. Confesso que passei por dias de profunda reflexão sobre as ações passadas do meu pai e a doença que o acometia, cuja natureza ainda não compreendíamos completamente.

A possibilidade de sua morte acelerou meu processo de perdão. Reconheci que, embora ele tenha falhado como marido, ele nunca falhou como pai, e isso pesou em minha decisão de perdoá-lo.

Refleti sobre os aspectos positivos e negativos do relacionamento de meus pais, uma análise difícil quando se trata de avaliar nossos progenitores fora de seus papéis principais em nossas vidas. No entanto, essa reflexão foi necessária e, certamente, me conduziu ao perdão, à leveza e à coragem para ajudá-lo durante essa fase.

Naquela época, só tínhamos plano de saúde para minha mãe, então recorremos a consultas particulares mas que não eram suficientes devido à condição mais grave que parecia existir. Após muita luta por atendimento no sistema público, conseguimos, por intermédio de uma tia, uma vaga em um hospital na Zona Sul do Rio de Janeiro.

Lembro-me claramente do dia em que o acompanhei até lá para sua internação, um dia 2 de janeiro, após a passagem de ano, com a ajuda providenciada por minha querida tia.. Alguns dias depois, veio o diagnóstico de câncer não Hodgkin.

Receber essa notícia foi chocante, especialmente para meus pais, que relutavam até em pronunciar a palavra "câncer". No início, compartilhei essa informação apenas com uma amiga, que gentilmente me ajudou a entender melhor a situação e as perspectivas de tratamento.

Naquele ano, minha irmã se casaria, e temíamos que meu pai não conseguisse chegar ao casamento. Felizmente, ele iniciou o tratamento com quimioterapia, passando por dez sessões. Os efeitos colaterais eram difíceis, desde a queda de cabelo até as crises intensas de irritação. As 48 horas após cada sessão eram tensas devido a esses efeitos fisiológicos e neurológicos. Nesse período, recebi muito apoio da família, especialmente dessa tia que trabalhava no hospital e acompanhava de perto seu tratamento, além de amigos que ajudavam a esclarecer dúvidas sobre os exames e o tratamento.

Acompanhar meu pai nas sessões de quimioterapia foi emocionante e marcante. Era comovente observar não só minha própria emoção, mas também a das outras pessoas presentes durante o tratamento de seus familiares. Lembro-me vividamente de alimentá-lo durante as sessões enquanto observava os demais pacientes ao redor, alguns em situações muito mais difíceis que a dele. Embora eu chegasse ao hospital sentindo dor, saía de lá sentindo gratidão pela oportunidade de tratamento que ele estava recebendo.

Felizmente, ele respondeu bem ao tratamento, recuperou o peso perdido e ficou curado. Uma das maiores alegrias foi vê-lo ainda careca, levando minha irmã até o altar no dia de seu casamento. Ele sequer quis usar o chapéu que compramos para disfarçar a falta de cabelo.

Após vivenciar todo o processo de tratamento de meu pai, meu medo de ficar para trás após o casamento de minha irmã desapareceu. Lembro-me de estar incrivelmente feliz no dia de seu casamento, apesar de uma hesitação breve quando ela, antes de jogar o buquê, decidiu entregá-lo a mim e jogar um buquê reserva, dizendo que era para a pessoa que considerava sua segunda mãe.

No final daquele ano, fizemos uma viagem para Ilha Solteira, quase na divisa com Mato Grosso do Sul, para visitar uma outra tia, irmã do meu pai, que há mais de 35 anos não se viam. Essa viagem foi uma das viagens presente e celebração pela recuperação de meu pai.

36. Viagens em família para Juazeiro do Norte, Garanhuns: encontro de gerações

Foi a partir dessa época que comecei a usufruir do benefício chamado "day-off", que concedia um dia de folga no dia do meu aniversário. Geralmente, aproveitava essa folga para ir ao Rio de Janeiro e cuidar dos meus pais. Muitas vezes, utilizava o dia útil para levá-los a consultas médicas distantes ou para apoiá-los durante a realização de exames.

Algumas pessoas me aconselhavam a aproveitar esse dia para mim, a ter um dia de princesa. Acredito firmemente na importância de cuidar de si mesmo primeiro, para depois poder cuidar dos outros. Como dizem, é necessário colocar a máscara de oxigênio em si mesmo antes de ajudar os outros. No entanto, naquele momento, sentia que estar ao lado deles era uma forma de retribuir o que fizeram por mim.

Durante o tratamento do meu pai, encontrei um livro sobre Padre Cícero, escrito por Lira Neto, que contava a história desse líder religioso tão venerado no Nordeste, ao qual meus avós sempre foram devotos. Decidi presentear meu pai com esse livro, e mesmo sendo convertido e frequentando a igreja Presbiteriana, ele se interessou muito pela história.

Acredito que esse livro fez parte da terapia durante seu tratamento contra o câncer, pois meu pai o releu várias vezes e costumava separar alguns trechos após cada leitura. Durante o tratamento, prometi a ele que, após se recuperar do linfoma, o levaria para agradecer a cura numa viagem a Juazeiro do Norte, aos pés das igrejas de Padim Ciço. Assim, mesmo com receio devido à mobilidade reduzida da minha mãe, tomei coragem e os levei para essa viagem de agradecimento.

Partimos para uma viagem especial, visitando primeiro Juazeiro do Norte, no Ceará, e depois a cidade de Garanhuns, em Pernambuco, terra da minha avó materna, e finalmente Arapiraca, Alagoas, nosso destino final. Aproveitamos o feriado de Páscoa para visitar todas as igrejas do circuito de visitas do Padre Cícero em três dias. Minha mãe ficou sentada aos pés da estátua do Padre devido à dificuldade de subir os degraus, enquanto meu pai e eu subimos e deixamos nossa marca na estátua, uma prática comum entre os visitantes para registrar sua presença e agradecer pelas graças alcançadas.

Além dessa, fizemos outra viagem, desta vez com a presença da minha tia, que tanto nos apoiou durante a recuperação do meu pai. Visitamos a Fazenda Baixa Funda, onde meus pais nasceram e foram criados, em Viçosa, Alagoas. Essa viagem também foi uma forma de agradecer à minha tia pelo apoio durante o tratamento do meu pai e nos proporcionou momentos abençoados, como participar das festas juninas, saborear a culinária local e relembrar as histórias de infância deles.

Foi maravilhoso ter tido a oportunidade de compartilhar essas viagens com meus pais, que muitas vezes se comportavam como crianças, experimentando todos os pratos do café da manhã dos hotéis e competindo para ver quem acordava mais cedo. Tive a chance preciosa de ouvir suas histórias, que demonstravam sua busca constante por uma vida melhor ao longo das gerações.

Após um tempo trabalhando, decidi não mais vender dias de férias, pois aprendi o valor precioso do tempo. Embora tenha tido férias dedicadas a cursos e algumas para descanso e diversão, como os carnavais de Salvador e Olinda, a maioria delas era reservada para estar com meus pais.

Lembro-me dos expatriados que eu atendia e percebia duas abordagens distintas em relação às férias: alguns viajavam sempre para seus países de origem, e eram criticados por não aproveitarem que estavam num outro país para explorar durante as férias. Hoje compreendo que cada um sabe o que é melhor para si, e não há problema em retornar ao local de origem se isso for importante para eles.

37. Ampliando meu repertório: benefícios, lecionar, apoio das amizades

Ganhei a oportunidade de trabalhar com previdência privada, um benefício que apoia o colaborador em sua aposentadoria e geralmente é oferecido apenas por grandes empresas.

Nesse tema tive a chance de trabalhar com um ex-executivo, já aposentado, que foi contratado como consultor para apoiar no desenho de um novo plano de previdência privada para os colaboradores. O objetivo era criar um plano que oferecesse sinergias e vantagens para todas as empresas envolvidas. Na época se tinha mais de 20 empresas no grupo, cada uma com planos e respectivos regulamentos diferentes.

Além de participar do desenho do novo plano, interagir com consultorias e fundos de pensão, participei do lançamento, viajando pelo Brasil para apresentar o novo benefício, passando por diversas capitais como Belém do Pará, Brasília, Goiânia, Curitiba, Porto Alegre, Belo Horizonte, Vitória, Salvador e Rio de Janeiro.

Estive muito próxima desse consultor durante o projeto e as viagens, o que foi uma oportunidade de muitos aprendizados. Entre eles a importância de diversificar investimentos e cuidado na escolha de bens e gastos. Lembro-me dele falando a expressão "não coloque todos os ovos na mesma cesta" ou, ainda, nos dizendo de que era melhor alugar do que comprar uma casa de praia e evitar custos fixos durante o ano.

Esse encontro de gerações sempre foi significativo para mim, e com ele não foi diferente. Não tenho dúvida que profissionais maduros como ele me ensinaram e me inspiraram a me tornar uma pessoa melhor. Esse é o valor do ambiente multigeracional, onde o desenvolvimento dos jovens é acelerado pela sabedoria e experiência dos mais velhos, e a inovação é enriquecida pela diversidade de perspectivas.

Enquanto a minha vida com o término do mestrado se tornava mais leve, eu mantinha em mente a importância de ter um plano B de carreira. Pensava em dar aulas em faculdades e cursos de pós-graduação. Nesse período recebi um convite de uma amiga para apresentar aulas num curso de Pós-Graduação em Gestão de Recursos Humanos sobre programas de Desenvolvimento Humano. Apesar de minha experiência anterior se limitar a ser usuária desses programas na empresa em que trabalhava, eu topei o desafio. Tive que revisitar o conteúdo acadêmico e me preparar para as aulas, o que considero um dos grandes benefícios de lecionar: a oportunidade de aprender.

No primeiro dia de aula que iria lecionar, algo inesperado aconteceu: cheguei atrasada devido a uma forte chuva em São Paulo, o que me impediu de chegar a tempo. Sabe aquele ditado de que em entrevista de emprego não existe desculpa para você chegar atrasado? Para mim era a mesma coisa aplicada ao caso de professor quando vai dar aula, ainda mais quando se tratava do primeiro dia de aula. Me senti multo culpada e achando que já seria substituída no início do curso. Graças a Deus continuei e ainda tive o apoio dessa mesma amiga que também dava aula lá e me ofereceu carona para ir e me apoiou para não chegar atrasada nas outras aulas durante o curso.

Como é bom ter amigos para contar quando a gente precisa e compartilhar nossas histórias. Quando a gente compartilha existe a magia do diálogo que permite falar, ouvir uma opinião ou ter apenas disponível a escuta.

Agradeço profundamente a todos os amigos que me ajudaram e, especialmente, a essa amiga que, num happy hour de fim de ano, mudou minha perspectiva sobre a vida.

38. Da busca por um novo desafio profissional ao encontro de um amor

Estava prestes a completar sete anos desde minha mudança para São Paulo e comecei a ponderar sobre mudanças.

Talvez pelo simbolismo e influência religiosa atribuída ao número sete, muitas vezes me pegava pensando que era hora de buscar algo novo. Comecei a questionar se não seria o momento de retornar ao Rio e buscar um novo desafio fora de São Paulo. Foi então que, nesse período, surgiu um convite para participar de um processo seletivo para o cargo de gerente de folha de pagamento em uma empresa farmacêutica no Rio.

O processo seletivo envolveu várias etapas, e acabei sendo uma das finalistas, participando de uma entrevista final com o gestor da vaga no Rio. A empresa custeou meu deslocamento para Jacarepaguá, onde a empresa estava localizada. Durante a entrevista, uma das perguntas foi a tradicional: "Onde você se vê daqui a cinco anos?" Respondi que me via atuando como executiva em uma grande empresa como aquela. No entanto, no fundo do meu coração, tinha outro desejo muito claro: formar uma família. Na época, imaginava que conciliar carreira e cuidados com meus pais não deixaria espaço para realizar esse desejo.

Hoje reconheço que esses desejos e compromissos não se anulam mutuamente, mas exigem esforços diferentes para serem alcançados. Guardei no coração o que realmente desejava ter dito naquela entrevista e, em um happy hour, compartilhei com uma amiga o que realmente queria ter respondido.

Eu queria ter respondido que daqui a cinco anos eu desejava formar uma família. Que eu queria encontrar um amor, casar e ser mãe além de continuar trabalhando.

Acredito que o conceito de felicidade varia para cada pessoa e encontrar um amor ou formar uma família pode ou não fazer parte disso. E está tudo bem. Mas era o que eu queria.

E esta amiga de forma empática e objetiva me disse que se este era meu sonho, ele era meu objetivo, e eu deveria estabelecer um plano de ação para atingi-lo. E já emendou com exemplo de uma situação parecida de outra amiga que teve um objetivo semelhante e o atingiu por intermédio de um processo de coaching de vida.

Foi assim que comecei a fazer o primeiro processo de coaching. Enquanto dizem que terapia psicológica é um MBA de vida, o coaching bem-feito, com profissionais sérios, é uma potente especialização, uma excelente ferramenta que usei para meu autoconhecimento.

E neste processo de autoconhecimento eu enfrentei crenças limitantes que tinha e assim me permiti encontrar um companheiro nessa grande jornada que é a vida. Eu continuo acreditando que quando a gente tem uma boa companhia tudo se torna mais fácil, menos doído, melhor e colorido.

Para atingir este objetivo houve momento de me despir da arrogância, das exigências, de não se considerar a última bolacha do pacote, e de reconhecer meu valor, de que não estava disponível para qualquer um.

A primeira crença que enfrentei era que não dava para realizar diferentes sonhos. Eu imaginava que não dava para trabalhar, estudar, cuidar dos pais e ter um relacionamento ou me tornar mãe. Eu tinha o exemplo de que em algumas situações de vida eu renunciei a uma coisa para ter outra. Foi assim, com a carreira internacional, foi assim com amigos do Rio. Só que não deveria ser bem assim. Um sonho não deve anular um outro.

A segunda crença era vergonha por ter este desejo de encontrar um amor e formar uma família. Eu escondia isso de uma forma tão potente que quando eu comecei a dizer que tinha este desejo as pessoas ficavam espantadas. As pessoas mais próximas diziam que eu parecia ser tão bem resolvida com minha vida:

independente, solteira e desbravadora que jamais pensavam que eu tivesse este desejo. Já as pessoas mais distantes diziam que podiam jurar que eu já era mãe, e que era casada e só não usava aliança.

A terceira crença ligada à segunda era não comunicar o que eu queria. Se eu tinha este desejo, sonho e objetivo, eu deveria usar as ferramentas para encontrá-lo e isso passava pela comunicação dele ao mundo.

Aos poucos eu comecei a comentar a respeito com algumas pessoas. Além de seguir as ferramentas do coaching, estabeleci planos de ação que passavam por maior interação com grupos com o mesmo interesse. Confesso que de forma tímida, mas direcionada, ou seja, intencional, fui começando a recrutar aliados para minha empreitada.

Lembro de nessa época viajar com umas amigas para Santa Cruz de La Sierra na Bolívia. E me perguntavam porque eu ia visitar um lugar não muito comum. Eu queria reencontrar uma amiga. Visitar um novo lugar que fazia algum tempo tinha vontade de conhecer principalmente depois de conhecer a feira de bolivianos que existia aos domingos, próxima da rodoviária do Tietê.

Talvez a quarta crença limitante fosse maior abertura a novas e diferentes experiências sem considerar o efeito da opinião alheia. Lembro de num dia de Santo Antônio, eu e outra amiga fomos comer o bolo do santo casamenteiro na festa famosa da Igreja de Santo Antônio ali nas imediações da Zona Norte. Pouco me importei se alguém ia me apontar dizendo "olha ela ali querendo um casamento". Pelo contrário, que bom que estava ajudando a divulgar para o mundo a minha intenção.

Outra decisão nesse contexto foi eu ter decidido fazer um curso de imersão em inglês por 30 dias na Cidade do Cabo, na África do Sul. Muitos diziam que o inglês de lá era muito ruim comparado com outros países. Mas minha decisão tinha duas alavancas importantes: o limite de investimento financeiro que eu podia adotar e a orientação da minha *host mother* do Canadá que sempre lembrava que eu precisava conhecer o continente das minhas origens.

A agenda da viagem foi tomada pelas aulas e para visitar pontos turísticos. Trouxe na bagagem fotos, amizades e lindas histórias desse lugar abençoado por uma beleza exuberante. Dizem que cariocas não aceitam outras cidades maravilhosas além do Rio. Talvez por eu ser uma carioca fluminense, nascida e criada em Nova Iguaçu, posso dizer sem restrições que a Cidade do Cabo também é maravilhosa.

No retorno dessas viagens, eu comentei com um amigo que morava nos Estados Unidos sobre meu novo projeto de vida de formar uma família. Ele me disse "olha minha prima encontrou o marido dela por intermédio de um site de relacionamento". Voltei para casa depois de conversar com esse amigo e me inscrevi neste site de relacionamento que ele havia comentado.

Diferentemente dos apps famosos de relacionamento dos dias atuais, este site tinha questionários vastos com mais de 100 perguntas sobre seu perfil e do perfil de quem você tinha interesse. Algumas perguntas perguntavam o mesmo, mas de forma diferente, no estilo de teste psicológico. Você podia fazer diferentes filtros de seleção de candidatos, por interesses ou localidades, e também enviar perguntas específicas para cada candidato. Entre uns contatos e outros, 10 meses depois eu recebi o contato de um interessado que mudou a história da minha vida.

E muito água rolou para este relacionamento sedimentar.

Quando as pessoas nos perguntavam onde nos conhecemos, no início eu escondia. Posso dizer que não era mais medo da opinião das pessoas, mas sim uma precaução a fim de que este relacionamento fosse preservado de qualquer força negativa. Mas anos depois quando o app Tinder foi lançado e a gente pôde testemunhar muitos relacionamentos organizados por ele dando certo, meu cuidado de ocultar a forma como nos conhecemos foi deixada de lado. Pelo contrário, eu passei a apoiar este recurso, e como tudo na vida, se bem usado, se usado para o bem, pode ser uma excelente ferramenta.

Como acrescentou na minha vida ter uma companhia. Com certeza, eu passei a ter um aliado. Seja pelas nossas conversas, seus conselhos, sua escuta.

Continuo acreditando que a vida a dois é muito melhor, reconhecendo as intempéries da caminhada em conjunto e o que a gente aprende com elas e que pode nos tornar melhor.

Mas muitas histórias desse nosso relacionamento aconteceram pelo caminho. Acho que vou ter que escrever outro livro só a respeito disso. Chegar com um mocinho tatuado causou em casa. Minha mãe achava que quem usava tatuagem não era boa pessoa. Teve ainda o desemprego dele por um longo período. E teve muito mais histórias românticas e engraçadas e assim da busca por um novo desafio profissional eu encontrei meu grande amor.

Hoje, posso dizer que ter encontrado um companheiro foi uma grande adição à minha vida. Acredito na importância de construir parcerias em todos os aspectos da vida, inclusive no relacionamento amoroso. Apesar das adversidades ao longo do caminho, acredito que a vida a dois é muito melhor, e cada história vivida ao lado do meu parceiro é uma página a mais nessa incrível jornada que é a vida.

39. Segundo processo de fusão: tensões e exemplos de vida

No início do meu relacionamento pessoal, iniciou-se um segundo processo de fusão no qual eu fazia parte da empresa adquirida. Este foi o primeiro processo que vivenciei envolvendo um grande volume de clientes, auditorias e níveis elevados de tensão durante a integração. A empresa compradora era maior e contava com mais colaboradores em algumas áreas, o que causava apreensão entre os gestores da empresa adquirida, cujas funções eram ameaçadas.

Ao final, ocorreu a absorção de grande parte das lideranças da empresa adquirida, embora meu gerente tenha sido desligado, e eu passei a responder a um diretor da empresa compradora. Na época a empresa compradora foi submetida a um relevante processo de auditoria envolvendo processos de pagamentos e indenizações que precisaram ser corrigidos e eu, como parte da empresa adquirida, pude contribuir para a implementação de melhores práticas de governança e controle.

Essa experiência foi crucial para minha carreira, pois, além de obter o reconhecimento pela aprovação da auditoria nos processos que liderava na empresa adquirida, fui designada para assumir processos na empresa compradora. Nessa nova área, intensifiquei a gestão de pessoas, embora ainda não tivesse uma posição executiva formalizada na estrutura. Fui responsável por processos como recrutamento, avaliação de desempenho e desenvolvimento da equipe.

Apesar de não ter a decisão final em algumas situações, participar desses processos me proporcionou novas visões e experiências que foram valiosas quando finalmente assumi formalmente uma função de gestão. Além disso, o ambiente de tensão e perdas trouxeram muitos aprendizados.

Em teoria toda integração é feita para se ganhar, seja em eficiência, qualidade, mercado de atuação, mas é fato que se compromete ou se perde algo. A começar por ser cercada de tensões sobretudo em função das mudanças de processos e de reduções que pode provocar. Aqui me refiro tanto a profissionais que são desligados e/ou que decidem sair durante os primeiros anos de fusão. E tambem a tensão de lidar num ambiente com dois grupos de culturas diferentes onde ao longo do tempo da integração, um grupo se sobressai, talvez com algumas características novas que indicam que foi criada uma terceira ou nova cultura.

Lidar num ambiente de integração promove crescimento pessoal e profissional, mas também pode ser doloroso. E para mim foi uma integração dolorosa. Me recordo de nos bastidores algumas pessoas se referirem aos grupos de cada empresa, como facções: a facção A e a facção B. E, com o passar do tempo, por mais que ao final existisse uma terceira ou nova cultura, a origem do profissional de alguma forma se mantinha registrada no seu histórico de trabalho. Isso em algumas vezes podia significar uma melhor aproximação, um facilitador de relacionamento interpessoal, como também podia resultar num dificultador para a construção de parcerias.

Num mundo em que cada mais se observa o valor das diferenças e o seu efeito positivo nos negócios, fica para mim a vantagem dos processos de integração que considerem o respeito as diferenças e a não discriminação. Presenciei muita discriminação que muitas vezes tinha por trás o medo de não sobreviver após a fusão e perder o lugar na organização.

Lidar com a tensão decorrente das mudanças nos processos e das reduções de pessoal, assim como a convivência com duas culturas organizacionais distintas, foi um teste para meu crescimento pessoal e profissional.

Durante essa integração, muitos profissionais transferidos de outras cidades para São Paulo não se mudaram definitivamente, enfrentando o desafio de estar longe de suas famílias durante a semana. Essa situação, que alguns chamavam de "peso da mala da saudade", era uma realidade para muitos colegas.

Nesse período, desenvolvi uma amizade especial com uma colaboradora que foi minha primeira estagiária oficial. Ela quebrou estereótipos ao demonstrar uma disposição excepcional para aprender e crescer, decidindo mudar-se de uma cidade do interior para São Paulo em busca de oportunidades na empresa. Uma menina que alguns podiam chamar filha do papai, vinda de uma família classe média, com recursos e que talvez nem precisasse trabalhar durante a faculdade. Mas sua jornada, marcada por dedicação e determinação, culminou em sua efetivação na companhia. Eu olhava para ela e dizia será uma futura head de RH. Tempos depois ela foi pedida em casamento e teve que retornar à sua cidade natal para se casar. O dia que ela me conta a respeito, choramos juntas. Sabia da difícil decisão que ela tinha tomado de optar por priorizar naquele momento o amor e não a carreira que ela tinha dedicado nos últimos anos. Mas sabia também da sua capacidade de continuar crescendo, o que depois ocorreu como empreendedora e mãe.

Outro exemplo da época era uma profissional de RH que tomou uma decisão de vida radical, se separou depois de muitos anos de casada, pediu demissão depois de muito tempo na empresa, e decidiu ficar um tempo no exterior estudando. Quando retornou ao Brasil, partiu para um novo desafio profissional amplo, passou a liderar times e hoje tem uma carreira admirável.

Durante este período convivi com gente com diferentes histórias e tive bons exemplos de quem respeita histórias. Um desses exemplos é um gestor que com sua liderança, jogo de cintura e sempre buscando cuidado e respeito em todas as relações, tornou o ambiente de tensão e euforia de um processo de fusão mais leve e propício para desenvolvimento de um bom trabalho.

Aprendi muito com ele, seja na forma de dá oportunidade ao outro para falar, a forma cuidadosa de escolher palavras para se expressar e a forma de reconhecer. Ele dizia que tinha aprendido com um gestor a importância do "tom" em uma conversa. E definia esse "tom" como a forma de conduzir uma conversa, escrever um e-mail e/ou dar um feedback, deixando um legado de aprendizado sobre a importância do respeito e da comunicação eficaz.

Certamente um exemplo de liderança justa, apoiadora e respeitosa que tive ao longo da minha jornada, que foi muito apropriada num ambiente de fusão de empresas, é que é fundamental para formação de grandes times e organizações.

40. Da Folha de Pagamento à Movimentação Internacional: São Paulo x Madrid

Ao longo da minha jornada, sempre estive envolvida em processos relacionados à operação de serviços de RH. Esta área abarcava desde o cálculo da folha de pagamento até a implementação de novos sistemas e legislações, além dos processos de admissão, desligamento e pagamento de benefícios.

Embora algumas empresas adotem diferentes nomes para essa área, como administração de pessoal, centro de serviços compartilhados ou DP (Departamento de Pessoal), muitas vezes ela é subestimada por ser considerada essencialmente operacional, o que considero injusto.

Essa área desempenha uma função primordial ao garantir que os colaboradores recebam seus salários e benefícios conforme o combinado, independentemente das circunstâncias.

Durante os processos de fusão que vivenciei, as equipes dessa operação enfrentavam grande pressão para adequar processos sem perder de vista seu compromisso final. Eram os primeiros a sofrer com revisões de estrutura, cortes de funções e propostas de terceirização, o que resultava em sobrecarga de trabalho e medo de perder o emprego.

Embora operar a folha de pagamento seja teoricamente um trabalho sem riscos de periculosidade ou insalubridade, o contexto de entrega e prazos muitas vezes gerava um nível de tensão que tornava o trabalho extremamente estressante. Durante alguns processos de fusão, testemunhei situações em que era comum trabalhar mais de 12 horas por dia durante semanas para entregar uma folha de pagamento, de forma recorrente ao longo de meses. Algo estava errado e indicava problemas, seja nos sistemas, nos processos, seja nas equipes ou na liderança.

Foi durante esse período intenso que me envolvi em um projeto especial que abriu portas para novas oportunidades de carreira: a mudança internacional de um grande grupo de pessoas. A estratégia era transferir a sede da operação Latino América de Madrid para São Paulo. Ainda que eu torcesse para que outra cidade fosse escolhida, São Paulo foi selecionada e 120 famílias precisavam ser transferidas para cá em um ano.

Essa mudança representou mais um desafio em meio a um período já intenso. Busquei ajuda para gerenciar o processo, incluindo a contratação de um posto avançado de mobilidade internacional e outras consultorias. O posto avançado permitiu prover atendimento aos colaboradores impactados, uma solução já que não se tinha espaço para contratar mais um *head count.* Um trabalho inédito, feito por uma grande consultoria, foi um treinamento intercultural prévio, em Madrid, para ajudar os colaboradores a tomarem decisões sobre a mudança para o Brasil. O que foi muito bem recebido pelos envolvidos e iniciou o processo de adaptação para quem optou por ser transferido.

Lembro de um dia nossa head de RH dizer "olha as condições de transferência dessa população não evoluíram, vocês precisam estar amanhã em Madrid para resolver isso e só voltem de lá com as condições estabelecidas". A orientação era ir e só voltar de lá após ter definido as condições de transferência dessa população que até então se tinha divergência do caminho a seguir.

Emitidas passagens aéreas só de ida para mim e meu chefe. Naquele dia fiquei até as 22h da noite no escritório, para deixar tudo organizado antes da viagem que já seria no dia seguinte. Não podia imaginar que antes de me debruçar no desafio da definição das condições de transferência, eu tinha um outro desafio.

Quando cheguei em casa, encontrei com meu marido, na época meu namorado, e ao começar arrumar minha mala de viagem, identifico que meu passaporte estava vencido. Só pensava como ia dizer que não conseguiria ir pelo passaporte vencido, sendo que eu era a profissional responsável pelos processos de movimentação internacional do grupo no Brasil. Só pensava em como eu ia perder uma oportunidade bacana de exposição e crescimento.

Após chorar um pouco, pedir ajuda a Deus, e lembrar do ensinamento da minha mãe "pra tudo tem jeito, só não tem pra morte", me lembrei do processo de emissão de passaporte de emergência e que ele poderia ser uma solução para o meu problema. Este passaporte de emergência é previsto em casos de falecimento, tratamento de saúde, entre outros.

Hoje tenho clareza de que este caso é um bom exemplo de que, quando a gente está diante de um problema, o nosso foco deve ser na solução. Quase não dormi naquela noite. Terminei de organizar a mala e preparei um dossiê com declaração da empresa indicando a necessidade da viagem. Às 7h da manhã do dia seguinte eu estava na porta do posto de atendimento da Política Federal na Lapa, Zona Oeste de São Paulo, para emitir um passaporte de emergência, com meu amor ao meu lado. Apenas 9h da manhã o atendente do setor responsável me atendeu e eu aos prantos disse-lhe o meu problema. Que não era falecimento nem tratamento de saúde graças a Deus, mas envolvia um caso bem relevante. Se eu não conseguisse ir nesta viagem comprometeria meu emprego, minha carreira, minha história de vida profissional em busca de conquistar reconhecimento e respeito. E, ainda, que aquilo não representava algo só a mim, mas para toda a minha família.

Após ele me ouvir, me teceu um sermão de alguns minutos. Disse que eu deveria tomar vergonha na cara e controlar todos os documentos que são importantes e ferramentas para meu trabalho e que, após o término da viagem, retornasse à repartição para solicitar o passaporte definitivo. E autorizou a emissão do meu passaporte emergencial. Por volta da 13h da tarde eu saía do posto com meu passaporte de emergência. Na sequência avisei meu chefe que tudo estava sob controle e embarcamos naquele dia à noite para Madrid.

Entre muitas reuniões, muitas refeições sem sair do escritório, à base de sanduiches conseguimos finalizar as condições desse movimento internacional.

Apesar dos contratempos, conseguimos concluir nossa missão e retornamos com uma estratégia clara para receber a população transferida. Agradeço a operação daquele posto avançado, a consultoria de treinamento intercultural, aquele sermão para receber o passaporte na Polícia Federal e toda a liderança que tive nesse projeto. Essa experiência foi um marco em minha carreira, ensinando-me valiosas lições sobre humildade, resiliência e resolução de problemas.

41. Promoção a gerente: comunicação e inspiração

Este projeto de movimentação internacional e instalação de uma nova operação no Brasil me proporcionou grande visibilidade.

No ano seguinte, finalmente fui promovida a gerente de área. Até então, ocupava o cargo de consultora especialista e coordenava um núcleo composto por 4 pessoas. Lembro-me do dia da promoção, quando saí da sala do meu gestor após receber o comunicado e fui contar à equipe que agora era gerente. As pessoas sorriram, me cumprimentaram e me parabenizaram. Pouco depois, percebi claramente que cometi um erro. A grande notícia não era a minha promoção, mas sim a transformação da equipe em uma gerência. Apesar do time ser coeso e composto por reconhecidos profissionais e pessoas boas, percebi que não cuidei adequadamente da comunicação dessa promoção. Logo me arrependi por não ter organizado a comunicação de forma diferente. Não nego minha responsabilidade, mas considero também uma falha a falta de apoio na condução desse processo de comunicação.

Cerca de um mês após a promoção, ganhei um presente. Recebi de uma gerente de outra área de RH, que nem era minha par, o livro "Pipeline de Liderança: o desenvolvimento de líderes como diferencial competitivo", de Ram Charan, Stephen Drotter e James Noel. Ela veio me parabenizar pela promoção e me presenteou com o livro. Não trocamos uma palavra sobre os desafios da minha primeira liderança. Ela apenas olhou para mim e disse que o livro poderia me ajudar. Graças a Deus, contei com o apoio e a empatia dela, e também da minha equipe, para acolher aquela falha de comunicação, e dali em diante começamos uma nova trajetória.

Decidi iniciar um segundo processo de coaching focado nessa

promoção e fazer uma nova viagem de intercâmbio para praticar o inglês. Dessa vez, fui estudar em Nova York, onde passei quase um mês fazendo um curso voltado para gestão e negócios. Muitos me perguntavam por que um investimento tão alto durante as férias. Eu poderia dar várias respostas, mas a principal era a necessidade de cuidar da minha empregabilidade. Também poderia ser a vontade de compensar a falta que sentia por não ter morado fora do Brasil. Acredito que fosse um pouco de tudo isso, mas não tenho dúvidas de que havia uma grande vontade de preencher e respirar a atmosfera de uma nova cultura.

Nessa viagem, conheci pessoas com histórias incríveis. Entre elas, destaco uma mulher que me hospedou em seu apartamento de 6 cômodos, que acredito não ter mais que 3 quartos e 2 banheiros. Sua casa ficava no Queens, a cerca de 15 km de Manhattan, onde eu fazia meu curso. Todos os dias, me deslocava de metrô, passando por 18 estações do Queens até chegar ao curso. Ela era outra mulher admirável que conheci. Tinha migrado do Equador para Nova York com filhos pequenos há mais de 20 anos, sem falar inglês. Começou trabalhando em uma lanchonete, primeiro limpando e depois cozinhando. Quando surgiu uma vaga para tirar pedidos por telefone, se ofereceu para atender, vendo ali a oportunidade de aprender inglês mais rapidamente.

Na época do meu intercâmbio, seus filhos já eram adultos e ela havia credenciado sua casa para dois tipos de atendimento: hospedar estudantes de intercâmbio e atender uma creche para crianças de 1 a 3 anos durante o dia. Atendia 5 crianças em um processo regulamentado de assistência infantil, sendo uma das creches mais bem avaliadas da região, destacando-se principalmente na alimentação. Eu adorava seus cafés da manhã com muita variedades de frutas, incluindo os bagels, um tipo de pão muito popular nos Estados Unidos.

A história de vida dessa mulher e sua superação para mim estava claramente retratada como Alicia Keys canta na música "Empire State Of Mind", que homenageia Nova York: "Nova York, selva de concreto onde os sonhos são feitos. Não há nada que você não possa fazer. Agora você está em Nova York. Essas ruas vão fazer você se sentir novo em folha. Grandes luzes vão inspirá-lo. Vamos ouvir Nova York, Nova York, Nova York".

Voltei da viagem com a experiência de passeios agradáveis, conhecimentos adquiridos no curso e uma bagagem repleta desse exemplo de determinação e conquista. Certa de que a inspiração é uma semente que conecta e que a comunicação é um instrumento fundamental para toda carreira e ainda mais nas lideranças de equipes.

42. Meu casamento

Foi um período de grandes alegrias, mas também de preocupações. Meu namoro ia muito bem, mas meu parceiro estava desempregado já fazia mais de um ano, e era uma preocupação a dificuldade de sua recolocação.

Lembro-me de todos os dias fazer um checklist do seu processo de busca de emprego. Confesso que, muitas vezes, parecer forte para o outro exigia um tremendo esforço. Ver os meses passando sem ele se recolocar era difícil não só por ver que ele sofria, mas por mim mesma.

O trabalho sempre foi algo fundamental em minha vida, seja pela história pregressa dos meus pais, seja pela minha própria jornada. Até então, eu nunca tinha ficado desempregada, mas convivi com pessoas da família e amigos que ficaram e passaram por muita dificuldade. Vi os desafios não apenas financeiros que a falta de emprego podia levar e também de relacionamento e de depressão. Eu tinha muita fé de que aquilo iria passar. Acreditava muito na sua capacidade profissional e também na pessoa que eu me apaixonei. Foi incrível acompanhar sua jornada de recolocação. Ele focou em seu desenvolvimento, aceitando e oferecendo ajuda. Se despiu da vergonha em pedir emprego e, no final daquele ano, graças a Deus, estava recolocado no mercado de trabalho.

Após três anos de relacionamento, resolvemos nos casar. Queríamos algo rápido e prático, mas com cerimônia na igreja e uma festa para celebrar. Decidimos em dezembro casar em abril. Por mais que fosse algo simples, acabou se tornando uma recepção para 100 pessoas, com esforços financeiros e muita dedicação. Meu marido vendeu um carro modelo Astra que tinha para ajudar nos custos da celebração. Como ele dizia, nosso Astra virou doce bem-casado, para ser entregue de lembrancinha do casamento. No final, valeu a pena. Foi uma cerimônia emocionante, uma recepção feita com muito cuidado e carinho e, diga-se de passagem, quase se tornou uma festa da empresa porque havia muitos convidados de lá.

Confesso que dar conta dos preparativos e do meu momento de trabalho juntos foi desafiador. Detalhes de um casamento que vão desde a escolha do cardápio ou a forma de colocação dos arranjos nas mesas. A definição das flores e das músicas, tanto da cerimônia quanto da festa. Pensei que já teria uma profissão alternativa de assessorar casamentos depois dessa experiência.

Naquele ano, iniciava o terceiro novo processo de fusão em que eu fazia parte da empresa compradora, mas quem assumiria a gestão da empresa e da minha área seriam os times da empresa comprada. Entre cotações de buffet, vestido, docinhos e bem-casados, eu tentava entender como seria a estratégia da organização com aquela fusão. Um grupo de profissionais de Curitiba chegava toda segunda-feira para iniciar o mapeamento das áreas. A minha área não era convocada nesses levantamentos iniciais e eu fiquei com muito medo se seguiria adiante.

Paralelamente a isso, tinha a preocupação de trazer meus pais para o casamento em São Paulo. Na época, mamãe adquiriu uma ferida no tornozelo que não cicatrizava. Eu não cogitava em hipótese alguma ela não vir no meu casamento. Depois de tentar tratamentos com os médicos de Nova Iguaçu sem evoluir, parti em busca de profissionais no Rio. Tive a orientação de buscar profissionais que cuidassem especificamente de feridas. Consegui um médico que em 4 meses conseguiu resolver algo que fazia quase dois anos que se arrastava. Uma amiga me disse na véspera do meu casamento algo que carreguei comigo. Ela disse que na vida a gente precisa ter sonhos e realizar sonhos é a graça máxima, e que felicidade era uma decisão. Carrego comigo a importância de ser intencional e partir para a ação.

Meu casamento foi maravilhoso, mais do que eu havia planejado. Também escolhi para tocar na cerimônia a música já conhecida "Ain't no mountain high enough", de Marvin Gaye. Foi um momento extraordinário, repleto de amor e significado.

Meu casamento foi a celebração do nosso amor perante Deus, a recolocação dele, a recuperação da mamãe e a graça de realizar sonhos.

43. Terceiro processo de fusão

Na minha lua de mel, recebo uma ligação do meu chefe, dizendo para curtir bastante minhas férias, pois quando retornasse teria um novo chefe. Ele estava me avisando que minha área iria para uma nova diretoria.

Vivi vários processos de fusão. Fui da empresa comprada, da empresa que comprou e, ainda, de uma empresa joint venture. A joint venture é um modelo que consiste na união de duas ou mais empresas com o objetivo de executar um projeto ou criar uma empresa para explorar. Em todos os processos de fusão, vivi muita euforia e tensão, inerentes ao processo de integração, e este último não foi diferente.

Mas este processo de fusão tinha características diferentes dos processos anteriores. A empresa comprada foi quem assumiu a gestão. Naquele momento, a empresa comprada demonstrava ter processos mais eficientes e isso ia ao encontro do objetivo da fusão de atingir sinergias e oportunidades financeiras. Tudo bem o foco ser eficiência. Mas muitas vezes este foco se perdeu e foi substituído pela defesa direta da opinião pessoal, ou modelo mental de trabalho, para preservar estruturas. O problema, nesses casos, é que a luta de poder muitas vezes toma lugar e o foco de eficiência vai por água abaixo. Uma defesa a unhas e dentes, não se importando sobre o processo em si, mas sim assegurar uma posição de trabalho. Além das facções A e B oriundas do processo de fusão anterior, surgi um terceiro grupo que algumas vezes estava isolado, outras vezes se incorporava nas facções anteriores. Uma confusão.

Foi um ambiente em que tive que exercitar muito o jogo de cintura para estar atenta aos processos e ao seu efeito ou resultado. Busquei não entrar em discussões e conflitos que não eram meus, que estavam nos níveis superiores. Tentei absorver o que havia de melhor no meu novo time de trabalho na empresa comprada, sem me afastar dos meus grupos originais da empresa compradora. Mas ainda assim não saía ilesa, já que eu fazia parte do time da empresa comprada. Algumas vezes ouvi o comentário "mas as pessoas estão falando mal de você porque você está igual a eles". E isso era desafiador não só para mim, mas para todo o time. Quando um gestor da empresa compradora não queria colaborar com o meu gestor da empresa comprada, o que acontecia era o reflexo negativo nos times de trabalho.

Por outro lado, foi uma grande oportunidade de rever tudo que se fazia. Revisaram-se muitos processos que ao final se tornaram mais eficientes. Da redução de estruturas, passando por repatriações e localizações de executivos, até a retirada das linhas fixas de telefone das mesas. Tudo para se tornar mais eficiente. E a fusão trouxe também inovação. Foi nessa época que foi implantado o programa de benefícios flexíveis.

Este programa consiste numa metodologia em que o colaborador recebe uma lista de benefícios classificados por pontos e ele tem a opção de alterar e/ou priorizar benefícios que façam mais sentido com seu momento de vida. O programa foi extraordinário. Além de trazer melhora significativa na experiência do colaborador, foi instrumento de eficiência na alocação de recursos da empresa. Foi ainda revisto o modelo de plano de saúde de gestão fechada e onerosa que, em tese, era um problema sabido há muito tempo que precisava ser resolvido, mas não se tinha coragem para mudar. Não foi fácil. Houve uma chacoalhada na organização.

Percebo que as fusões como esta foram instrumentos de se implementar mudanças necessárias que já haviam sido mapeadas, mas foi o ambiente da integração que trouxe a oportunidade e os recursos para de fato fazer acontecer. Mas existiram muitas dores no processo que deixaram um rastro. Aqui me refiro principalmente ao prejuízo no relacionamento entre os times que ficaram. Seguramente foi uma integração que colocou à prova a saúde mental dos envolvidos não apenas pela pressão de entrega de resultados e prazos, mas principalmente pelo ambiente e a ameaça à segurança psicológica existente.

Segundo Janaina Tavares, a segurança psicológica é um bem coletivo, mas boa parte dela está nas mãos dos líderes, por isso o comportamento e ações da liderança exercem um papel fundamental na promoção de segurança psicológica.

Boa parte dos líderes que assumiram durante essa última fusão não ficaram muito tempo. Ao longo dos dois anos seguintes, foram deixando a empresa, saindo por conta própria, ou desligados. Acredito que este movimento foi um grande preparo para um novo patamar de companhia que se esperava de ser mais ágil e digital, o que se atingiu depois.

44. Atuação em novos grupos de trabalho, além da empresa

Durante este movimento, comecei a atuar em diferentes ambientes, tanto corporativos quanto fora da empresa.

Fui designada conselheira de dois grupos corporativos: um fundo de pensão e um clube de colaboradores. O fundo de pensão administrava planos de previdência privada do grupo de empresas em que eu trabalhava. Já o clube de colaboradores era formado pela empresa e seus funcionários, com o objetivo de estimular a integração e o estilo de vida saudável de seus associados, por meio de atividades culturais, esportivas, recreativas, sociais e promocionais.

Também me tornei conselheira do GADEX, Grupo de Gestão de Expatriados, um grupo de representantes de empresas que promove a troca de experiências entre as empresas participantes.

A designação para estas posições em função de experiência, integridade e tempo de exercício trazem um orgulho profissional e, eu diria, também para a alma. Carregadas de reconhecimento e novas responsabilidades, não tenho dúvidas de que foram momentos para refletir sobre minha trajetória, celebrar e agradecer, pois foram fruto de trabalho árduo e dedicação.

Nunca foi sorte. Como Dulce Magalhães dizia, é seu foco que define sua sorte. Atuar no conselho de um fundo de pensão só me deixou mais próxima do universo de ex-colaboradores da empresa que se aposentaram, e que atendi muitos deles durante o período em que trabalhavam para a empresa. Pude entender melhor sua visão de mundo nesse momento de vida.

Entender porque alguns decidiram parar completamente de trabalhar e apreciar a vida, como diziam. E também entender aqueles que acreditavam que era um novo momento de oportunidades, seja atuando via consultoria, trabalho voluntário ou em outra empresa. Via a tranquilidade de alguns que tinham filhos criados e formados, com vida financeira independente, ou seja, não precisavam de ajuda dos pais. E vi também aqueles cujos filhos, mesmo adultos, dependiam financeiramente deles. Um aposentado dizia que não pegaria sua renda do plano de previdência, porque queria deixar o patrimônio do plano dedicado aos filhos.

Eram coisas que eu ouvia e me lembrava de um provérbio oriental que dizia: "Homens fortes criam tempos fáceis e tempos fáceis geram homens fracos, mas homens fracos criam tempos difíceis e tempos difíceis geram homens fortes". Eu escutava isso e começava a me questionar se era isso que eu queria para mim, se eu tivesse um filho. Para mim, deixar patrimônio para meu filho significava e significa deixar bom estudo, boa formação e bons valores, para que ele consiga caminhar sozinho quando eu não estiver mais aqui.

Mesmo antes de me tornar conselheira do fundo de pensão, me tornei uma incentivadora do benefício da previdência privada. Destaco a importância de guardar recursos com o objetivo de um futuro melhor. Confesso que durante muito tempo mantive a crença limitante de guardar para uma emergência ou falta, e só depois passei a focar em ter recursos para viver com mais independência e possibilidades, e, por fim, para ter prosperidade. Acredito que esta importância foi moldada considerando desde a forma como meus pais lidavam com o dinheiro até novos hábitos que adquiri de pessoas com quem convivi ao longo da carreira.

Quando comecei a trabalhar com previdência, um ex-executivo tinha a prática de incentivar a adesão ao benefício. E depois que ele foi embora, eu fiquei com isso e sempre incentivava os colaboradores a aderirem. Dizia para meu time, brincando, mas com um fundo de verdade: "Se você não fez ainda a opção pela previdência, que tem contrapartida de contribuição da empresa, você não tem direito a aumento salarial". E aí tinha algumas discussões, sobretudo com algumas pessoas que faziam a conta considerando que, se saíssem da empresa antes de determinado prazo, não receberiam a totalidade do benefício.

Mas depois de um tempo, atendi pessoas que me agradeceram pelo incentivo de fazer o plano de previdência lá atrás e, quando se desligavam da empresa, tinham formado um bom saldo para gerar renda. E teve também aquelas pessoas que atendi dizendo que se arrependeram de não ter me ouvido por não terem feito o plano. De uma maneira geral, ser beneficiário de um fundo de pensão é um privilégio, pois menos de 5% da população possui este tipo de benefício, no Brasil. Ainda mais um fundo formado pelo colaborador e empresa, que possui uma gestão direcionada para preservar o patrimônio e a capacidade de renda futura.

Com certeza, é um recurso importante para renda e compromissos de qualquer pessoa. E daí a responsabilidade relevante dos conselheiros e administradores dessa instituição, a fim de cumprir com este propósito, de adotar políticas e controles para a melhor governança possível e continuidade do benefício. Estar num conselho que cumpria seu papel legal e fiscal, mas que sobretudo apoiava esta governança a cumprir seu propósito me motivava muito.

Atuar também num conselho de clube de colaboradores foi outra experiência relevante que tive. Este clube fez entregas incríveis e reconhecidas por todos que usufruíam, inclusive eu. A instituição era bastante querida pelos usuários, promovendo muitas ações de integração, como campeonatos esportivos, e incluindo parcerias com descontos em diversos serviços, desde cursos de idiomas até salões de beleza.

Por fim, tornar-me conselheira do GADEX foi uma enorme honra que me trouxe uma gratidão profunda. O GADEX é um grupo formado por representantes de empresas que atua de forma proativa junto aos órgãos competentes, implementa e aprimora políticas na área e incentiva o desenvolvimento de seus integrantes. O grupo foi fundado em 1992 pela Rhodia, Unilever e Cargill e, desde então, tem propiciado um ambiente de relacionamento interpessoal, construção de parcerias e representatividade. Desde o início, foi um espaço aberto para compartilhamento de práticas e de respeito e confidencialidade de informações. O Grupo se reunia mensalmente, na época sendo a reunião sediada por uma das empresas-membro, de forma alternada.

Iniciado numa época em que não se tinha os avanços das mídias sociais, representantes das empresas fundadoras foram pioneiros em estabelecer canal de comunicação com o intuito de compartilhar e somar. Ter a oportunidade de discutir as melhores alternativas para um determinado tipo de atendimento para um movimento internacional com outras empresas, ou encontrar alternativas de soluções quando você tem a urgência da necessidade do negócio para realizar um movimento internacional, é um recurso extraordinário para todo profissional.

Recordo-me de utilizar o grupo em diferentes situações, como a demora na emissão de um documento para um profissional estrangeiro trabalhar, opções de escola que pudessem receber filho com necessidades especiais. Ou, ainda, da emergência da revisão do cálculo das ajudas para compensar diferenças de custo de vida entre os países, até as revisões completas de uma política.

A consistência do grupo ultrapassou as fronteiras da global mobility, uma vez que o grupo passou a ser fonte também de pesquisas e trocas de diferentes tipos de benefícios ou modelos de trabalho que englobavam atendimentos a todos os colaboradores, não apenas mais restritos ao público em movimentação internacional. Me lembro do pioneirismo das práticas de teletrabalho numa época em que poucas empresas adotavam a modalidade, ou do horário flexível, que tive a oportunidade de conhecer em primeira mão no GADEX.

Tive a honra de ser vice-presidente e presidente desse grupo no mandato de dois anos, de 2013 a 2014. Atuando proativamente junto às autoridades competentes, o grupo ajudou a implementar e aprimorar políticas da área, muitas em busca de conferir mais segurança às empresas e maior facilidade aos investidores estrangeiros, sem, contudo, comprometer as oportunidades oferecidas aos trabalhadores brasileiros.

Participei de algumas visitas a órgãos de imigração em Brasília para, como grupo, representar as empresas, na defesa de revisões de legislação. A representação e o pedido de ajuda envolviam desde questões mais operacionais até as mais estratégicas.

Quando falo de questões mais operacionais e burocráticas da movimentação internacional de colaboradores, cito exemplos, como a busca de simplificar as exigências de legalização de documentos, processos de transformação de vistos, registro de estrangeiros na Polícia Federal, exigências de salário do estrangeiro superior, equiparação para dependentes de portadores de visto, para ampliação das possibilidades de exercício profissional para esta população.

Sou fã e milito na defesa de global mobility para uma agenda mais estratégica dentro da área de recursos humanos, envolvendo temas, como atração, retenção e desenvolvimento de talentos, e o alinhamento com as estratégias de cada negócio.

Cada empresa e cada profissional que passaram pelo grupo ao longo desses mais de 30 anos contribuíram para um desenvolvimento extraordinário do setor, permitindo que ele cumprisse seu propósito e, sobretudo, propiciando o desenvolvimento profissional e pessoal de seus integrantes.

Ao longo desses anos, seja representando a empresa, seja representando os grupos dos quais fiz parte, palestrei em eventos corporativos da área. Até hoje, meu pai guarda, orgulhoso, fotos na parede de casa de eu me apresentando ou palestrando num desses eventos em São Paulo e em Brasília.

Agradeço essas participações valiosas que tive não apenas de dar visibilidade ao meu trabalho, mas das grandes oportunidades que tiver para o desenvolvimento das minhas habilidades.

45. Morte da sogra e de um executivo

À medida que fui amadurecendo, olhando para trás, eu passei a criar uma maior consciência das coisas que fazia. Acredito que fui aprendendo isso mais ao longo de cada ano.

É incrível como enxergo coisas extraordinárias em cada ano. Mas acredito que existam períodos mais marcantes. E, nesse caso, 2016 foi um ano muito intenso. Em todos os lados e direções. Pessoalmente e profissionalmente, um divisor de águas para mim.

O ano iniciou com o falecimento recente da minha sogra. Ser apoio para meu marido neste período de perda da sua mãe foi uma realidade difícil de encarar. A verdade é que a gente nunca está preparado para a morte. Mas existem algumas situações que você considera que esta possibilidade existe e está mais próxima do que outras. Primeiro com a saúde debilitada da minha mãe, sempre imaginei a presença maior da minha sogra. Eu imaginava tê-la ao lado por mais anos. Ela sempre foi muito cuidadosa e respeitosa comigo.

Dizem que o relacionamento nora e sogra é tenso, desconfiado. Mas acho que o nosso tinha uma cumplicidade. Lembro que ela fazia as coisas que eu gostava quando ia em sua casa. Por exemplo, sempre adorei mangas, mas tinha preguiça de descascá-las. Quando ia visitá-la, ela já tinha deixado a manga descascada e cortada para mim. Certo dia, quando estávamos nos arrumando para ir a um evento de rodeio em Bragança Paulista, meu marido com um chapéu de cowboy e eu disse "olha como seu filho está bonito". E ela me respondeu "meu filho está mais bonito. Ele já é bonito". Eu achei aquilo um toque sutil de chamada de atenção, mas depois entendi. Principalmente depois que eu tive filho, entendi o que ela quis dizer. Admirava seu jeito de lidar com os cotidianos e saber que não teria mais ela ao nosso lado foi algo bastante doloroso.

A perda das pessoas faz a gente se arrepender de não ter vivido mais tempo com ela. Foram apenas quase quatro anos de convivência. Uma pena. Carrego comigo seus cafés e almoços deliciosos e muitos aprendizados. Uma mulher que, sem pais, decidiu mudar do norte de Minas Gerais, para São Paulo, sem nada. Recebeu o convite de um rapaz que a convidou para morar com ele após sua noiva original ter desistido de vir para São Paulo às vésperas do casamento. Possivelmente enxergou ali a oportunidade de uma vida melhor.

Percebi nesses poucos anos de convivência uma mulher que buscava ter um ambiente de paz e harmonia com o marido e os três filhos. Apoiava e hospedava a família incluindo sobrinhos e outros parentes que buscavam serviço e/ou tratamento de saúde em São Paulo. Reconheço no meu marido hoje seus ensinamentos e forma de ver o mundo. E o mundo não parou.

Naquele ano eu bati o recorde das minhas viagens internacionais a trabalho que envolviam projetos, gestão de atividades cotidianas e o desafio da administração do tempo. Foram três viagens. Uma viagem de reunião de revisão de processos em Madri, na Espanha. Outra viagem para um curso sobre liderança na cidade espanhola de Barcelona. E, ainda, uma terceira viagem para apoiar no processo do translado do corpo para o Brasil de um executivo.

O executivo da companhia faleceu durante um curso pela empresa em Barcelona. No GADEX e em outros grupos de RH tinha ouvido outros profissionais contarem a burocracia do processo de translado de corpo, mas não imaginava a dificuldade do processo em si. Dificuldade que iniciava pela falta de clareza de quem era responsável por conduzir o processo. Se a empresa do país de origem ou a empresa do país destino. Apesar da empresa fazer parte de um grupo multinacional grande, era início de um feriado prolongado na Espanha e não se conseguia acionar os responsáveis. E dificuldade que continuava pelo processo em si.

A liberação do corpo envolvia documentos de ambos os países, nas cidades de origem e no destino. E consequentemente envolvia muitos interlocutores. Consulado, vigilância sanitária, funerária, seguradora e família, acrescida das áreas das empresas. Além do evento em si, a situação teve adversidades que trouxeram ainda mais complexidade ao processo. Da confusão de acionamento das apólices de seguros até a discussão entre gestores de quem tinha a responsabilidade por cuidar da situação. Normalmente o colaborador em curso é coberto pela apólice de seguro de vida anual da companhia e também por uma apólice de seguro-viagem e graças a Deus existiam as duas coberturas. Ter clareza do melhor caminho a acionar nesse caso ajuda a reduzir a burocracia do processo quando de fato se precisa do serviço.

Era um sábado de manhã quando começou a discussão da necessidade se eu iria ou não para Barcelona. Lembrando que ainda estava num ambiente de hostilidade em função do terceiro processo de fusão. Por fim, fui designada pelo head da área de RH na época para ir para Barcelona tratar pessoalmente do processo. Ao final daquela noite de sábado eu embarcava para Barcelona motivada a ajudar a resolver uma situação, apoiar uma família, e preocupada com meu marido.

Dali a cinco dias, ou seja, na quarta-feira seguinte, era a formatura do meu marido. Eu queria muito estar ao seu lado naquele evento. O motivo era não só poder apoiá-lo em função da ausência da minha sogra, mas também estar ao seu lado para apoiar sua conquista.

Eu sabia que liberar um corpo em 4 dias seria quase impossível. Os históricos que tinha era uma média de 7 dias para liberação internacional de um corpo. Mas o meu histórico de vida sempre me mostrou que, se existe um "quase", é porque tem chances de acontecer. Eu pedi ajuda a Deus, eu visualizei e viajei com a certeza de me empenhar para conseguir esse grande feito.

Durante o evento fui o ponto focal para atualizar o comitê de crise formado para acompanhar as ações. Durante os três dias me deslocava de um lado para o outro, da funerária para o órgão da vigilância sanitária, de lá indo ao consulado. A chave para conseguir acelerar o processo de translado do corpo foi eu interagir pessoalmente em cada órgão. Ao final consegui a redução do prazo de transferência do corpo.

A liberação em tempo recorde, 4 dias, permitiu antecipar a chegada no Brasil e todos os trâmites para sepultamento digno desse executivo junto a sua família no Rio Grande do Sul. Eu trouxe na bagagem daquela viagem muitos aprendizados. Entre eles, uma proposta de melhoria da governança para procedimento para lidar com situações como esta, ou seja, como atuar em caso de falecimento em viagens de negócio de reuniões e cursos.

Por fim, eu consegui chegar a tempo de participar da formatura do meu marido. Aquela formatura representava muito para nós. Ter feito uma pós-graduação numa grande escola de negócios. Investir do seu bolso todos os recursos que tinha em busca de uma melhor oportunidade profissional, após um longo período de desemprego. Sim, foi uma grande conquista que só fez crescer ainda mais o orgulho que tenho por ele.

46. Mamãe: a partir da fratura do fêmur

Nesse mesmo ano, mamãe fraturou o fêmur e passou a usar a cadeira de rodas. A logística de manutenção da casa dos meus pais em função da mobilidade reduzida da mamãe foi outra realidade difícil de encarar.

A fratura do fêmur da mamãe eu poderia dizer que era uma tragédia anunciada. Cada dia a Artrite Reumatoide evoluía mais. O que iniciou nas articulações das mãos, joelhos e tornozelos, agora tinha invadido a coluna e o quadril. Tínhamos equipado a casa com puxadores para apoiar no processo de banho e ida ao banheiro. E ela tinha uma pessoa que ajudava em casa nos serviços domésticos. Mas mamãe resistia a ter um cuidador para apoiar nos cuidados pessoais como banho, ou fazer sua comida. Minha irmã e eu já observamos nas nossas idas ao Rio nos finais de semana que o risco de queda era grande. Ela andava apoiando-se nos móveis e paredes.

A fratura ocorreu numa ida ao banheiro, numa semana que meu pai estava fora viajando em Arapiraca. Mamãe passou por uma cirurgia para colocação de prótese. Tínhamos no início um certo otimismo, pois a orientação do médico era que ela retornaria a andar. Em seguida, foram iniciadas as sessões de fisioterapia e contratamos o serviço de duas cuidadoras. Essas cuidadoras se revezavam nos cuidados e companhia para ela durante o dia e a noite.

Por mais que existissem esses recursos para apoiar na recuperação dela, foi difícil para ela aceitar essa nova realidade. Uma realidade que incluía o uso de fraldas, se despir totalmente na frente de desconhecidos, não poder mais cozinhar, e depender de outras pessoas.

A gestão dessa nova realidade de casa com cuidadores e distância passou a ser ainda mais desafiadora. Por exemplo, precisava pensar no que fazer quando uma cuidadora não pudesse vir ou faltasse. Como era difícil ter cuidadores backup. Encontrar quem tivesse a experiência de lidar com um paciente em recuperação e que ao mesmo tempo tivesse paciência em lidar com idosos e, ainda, topasse trabalhar em Miguel Couto. Não estávamos na "cidade", como a mamãe chamava. Não estávamos na Zona Sul ou Zona Norte do Rio onde existem serviços de emergência e alocação de auxiliares e técnicos de enfermagem.

E, não esquecendo, de que tínhamos recursos limitados para cobrir o serviço especializado. Tive que tomar a decisão difícil de substituir o plano de saúde dela da acomodação de quarto individual para enfermaria por uma questão de custo. E, não tenham dúvidas, existiam aquelas situações que, se não fossem trágicas, seriam cômicas. Uma cuidadora que junto com o remédio dava as bolinhas de sílica gel para mamãe tomar, aquelas colocadas junto de alguns remédios para evitar umidade. Após alguns dias, descobrimos. A cuidadora sem experiência não sabia distinguir o comprimido da sílica gel do comprimido do remédio. Graças a Deus a ingestão de sílica geral não causou piora do estado da mamãe.

Passei a fazer compras à distância de remédios e mercado. Onde meus pais moravam ainda não se tinha a facilidade da compra online, mas graças a Deus já existia o WhatsApp, ou o famoso ZAP, que ajudou bastante tanto neste processo de compras quanto no acompanhamento da casa.

Eu continuava me revezando com a ida aos finais de semana, a cada 15 dias para o Rio. Minha irmã nessa época ia menos vezes, pois minha sobrinha tinha nascido naquele ano. Às vezes ela deixava minha sobrinha ainda de poucos meses com meu cunhado e ia passar o final de semana com a mamãe. Não tinha dúvida de que não era fácil para ela como mãe ficar distante do seu bebê.

Lembro-me de um Dia das Mães marcante com minha mãe. Só eu estava no Rio nesse fim de semana. Meu pai ainda não tinha retornado de Arapiraca. No domingo, houve um problema na escala e as duas cuidadoras não puderam ir. Eu tive que buscar alternativas de pessoas para ficar com ela antes de retornar para São Paulo. Por fim, encontrei uma pessoa para ficar quase no momento de voltar para São Paulo. Tinha sido uma busca desesperada.

A caminho do aeroporto, meu coração apertado e em prantos me senti uma derrotada por não poder ficar com ela naquele Dia das Mães. Foi um momento doloroso. Mas foi um aprendizado para os próximos anos que se seguiram. Após muita reflexão, compreendi que o que fiz era o que eu podia fazer com as condições que tinha, e eu tentei fazer o meu melhor.

47. Antes da maternidade, a Chikungunya

Neste ano, meu time retornou a trabalhar para uma mesma diretoria com a qual já tínhamos colaborado anteriormente. Muito boa a sensação de voltar a trabalhar com pessoas que já conhecemos e admiramos.

Por outro lado, neste retorno, percebi que eu não voltei a mesma. Todos os processos de aprendizado vividos nos últimos anos alteraram minha forma de ver o mundo em alguns aspectos. Foi uma experiência de reconhecer que é possível mudar de opinião ao longo do tempo. Eu trouxe comigo algumas práticas adotadas pela gestão anterior e que reconhecia valor, desde o exercício de autoconhecimento com ferramentas como assessment e âncora de carreira, até novas formas de organização das entregas.

O tema maternidade começou a ficar mais presente nas minhas reflexões. Conversava com algumas colegas a respeito da maternidade. A maioria também enfrentava o dilema de ser mãe ou priorizar a carreira em busca de uma primeira promoção executiva. Ou, ainda, o dilema de quando elas queriam, mas o parceiro ou a parceira davam para trás, não apoiando que fosse aquele momento para conceber ou adotar. Vi também colegas que fizeram a opção de postergar a maternidade, para depois ou para um momento certo, e no final serem acometidas por algum acontecimento que impedia ter um filho. Tudo isso passava pela minha cabeça, mas eu tinha também uma preocupação principal que era o fato de como dar conta dos meus pais.

Em 2016, de repente, comecei a ter muitas dores nas mãos e tornozelos. Imaginei que tivesse desenvolvido Artrite Reumatoide, a mesma doença da minha mãe. Após visitas a diferentes médicos, foi constatado que eu tinha contraído Chikungunya. É uma doença transmitida pelo mosquito Aedes, mesmo vetor de transmissão de outras doenças, como Dengue e Zika. E, naquele ano, havia um surto de Zika que foi declarado pela Organização Mundial de Saúde - OMS como uma emergência internacional. O motivo da emergência era por poder ser uma das causas de microcefalia e outros danos cerebrais identificados em fetos.

Pesquisas apontavam que, apesar dessa relação estar confirmada, não significava que toda mulher que fosse infectada pelo vírus durante a gravidez daria à luz um bebê com microcefalia. Embora Zika, Chikungunya e Dengue apresentem sinais clinicamente parecidos, como febre, dores de cabeça, dores nas articulações, enjoo e exantema (rash cutâneo ou manchas vermelhas pelo corpo), há alguns sintomas marcantes que as diferem. A principal manifestação clínica de Chikungunya, por exemplo, são as fortes dores nas articulações que eu tive nas mãos e nos tornozelos.

Quando contraí esta doença, foi como um aviso para que eu não pensasse mais em ter um bebê. Se ainda quisesse a maternidade, eu imaginava que deveria buscar a adoção. Confesso que tive muita dificuldade de pensar e lidar com essa perspectiva e o reflexo disso em todas as esferas da minha vida. Após o diagnóstico e tratamento eu fiquei bem.

48. Curso Leading Self: um presente para a vida

Nessa época, comecei a ficar incomodada. Queria fazer mais. Queria ganhar mais. Coloquei na minha cabeça que era hora de conseguir uma promoção de carreira. Não apenas pensando em ter mais recursos financeiros, mas também reconhecendo que eu podia chegar mais longe.

Quando comentei sobre meu desejo com meu gestor, não existia oportunidade. Lembro-me do meu Programa de Desenvolvimento Individual - PDI daquele ano, pedindo para fazer uma mentoria corporativa que no final acabou não acontecendo. Naquela época, os programas de mentoria só eram oferecidos para níveis executivos mais elevados da empresa. Não era fácil encontrar mentorias de programas voluntários, como graças a Deus atualmente tem sido cada vez mais oferecidos.

No final, consegui ser indicada para participar de um curso de liderança em Barcelona. Um curso de uma semana na universidade corporativa da companhia que, para mim, foi o recurso de desenvolvimento mais valioso de um programa de líderes que já tinha tido. Esse curso foi um presente para a vida. Mais do que falar sobre a liderança de times, ele tratava do protagonismo de vida que cada profissional deve ter.

O curso, chamado Programa Leading Self, ou programa de autoliderança, foi criado para ajudar os líderes a se conhecerem melhor. O objetivo era ajudar os profissionais a traçarem o rumo certo para seu autodesenvolvimento, a partir de uma perspectiva pessoal, incluindo técnicas que até então eu não conhecia, apesar de alguns anos em recursos humanos.

Durante o curso, houve uma profunda reflexão sobre onde eu estava e como tinha chegado ali. Me fez pensar sobre meus padrões positivos e negativos, reconhecendo que essa capacidade de reflexão sobre minha situação atual, tanto aspectos pessoais quanto profissionais, e ainda meus valores, todos eram meus aliados para meu aprendizado.

Como dizia um dos palestrantes do curso, "reflitan sobre lo que saca el mejor y el peor de ti". Trazendo-nos vários questionamentos, tais como quais dos nossos padrões podiam trazer danos aos outros e a nós mesmos. Ou qual o título do próximo capítulo da nossa vida ou quais eram nossas paixões. Ou, ainda, o que você faria se não tivesse medo, ou o que você sempre quis fazer e não teve chance, ou, ainda, o que sua voz interior lhe dizia. Todas essas perguntas me levaram a profundas reflexões.

Na época tinha claro meus medos como a perda das pessoas que eu amava. O medo de não poder ajudar estas pessoas que eu amava. O medo da falta de tempo. Me lembro de técnicas como explorar os "por quês" para entender estes medos e suas causas raízes. E foi ficando ao longo do curso cada vez mais claro o que eu queria. Ficava clara a minha visão que eram duas: conciliar ser mãe e ampliar meu escopo de trabalho.

Existiam ainda outras perguntas como quais eram meus heróis, quais as qualidades que eles possuíam, ou ainda, o que eu estava preparada para morrer. Tudo levando a refletir e ter claro os meus valores inegociáveis, aqueles que amparavam minhas decisões e relações. Todas as minhas respostas estavam relacionadas a minha história de vida e a história dos meus pais. Honestidade, coragem, buscar uma vida melhor. Eu conseguia identificar o vínculo de tudo isso com os momentos da minha vida e reconhecer estes valores como meus também. Mas também reconhecia padrões negativos. Posso citar a teimosia ou a impaciência com não cumprimento de prazos. Ou, ainda, pensar muito antes de se posicionar em determinados fóruns e perder o tempo necessário para resposta.

Havia uma estrutura muito bem organizada para recepção e estadia durante os dias do curso, e uma série de recursos para a expansão da consciência de cada participante, incluindo ênfase no cuidado e bem-estar individual. Ressaltava-se a importância de uma boa alimentação, um bom sono e a constância de uma atividade física.

O curso dava ênfase em recursos simples e poderosos como o poder da visualização, citando exemplos de Walt Disney, ou, ainda, o poder de ter um símbolo. Um símbolo que recorde sua visão e propósito. Um símbolo que possa agir como fonte de energia. E eu não pensei duas vezes. Para este símbolo eu escolhi a música "Ain't No Mountain High Enough", de Marvin Gaye. Como em eventos passados, quando eu escutava essa música, sentia como um incentivo para atingir o que eu buscava.

Os exercícios do treinamento sugeriam que eu deveria ter foco em poucas coisas, reorganizar minha vida de acordo com meu propósito, valores e visão, e ter consistência de hábitos, comportamentos e prioridades. Isso incluía abandonar padrões negativos, como a síndrome do impostor, e ter conversas cruciais com meu gestor na época e minha irmã. Fui convidada a definir objetivos e criar um plano de ação para atingi-los.

Durante o curso havia um exercício no qual eu escrevia para o meu eu do futuro. Fiz uma carta manuscrita datada em 2016 e a mantive guardada num envelope. Em 2022, seis anos depois, eu li esta carta. Essa carta que fiz para mim mesma me dizia que, no futuro, quando eu a lesse, queria me encontrar bem, atingindo meus objetivos e muito feliz.

Eu escrevi que me queria muito bem, que sabia que a cada dia eu queria ser uma pessoa melhor e impactar positivamente a vida das pessoas a minha volta. Dizia também que naquele dia que eu escrevi a carta, eu tinha ouvido coisas lindas ao meu respeito, de como eu era uma pessoa positiva, doce, que escutava e se colocava no lugar do outro. Como escutar todas aquelas coisas me faziam sentir muito bem. Por fim, dizia que tinha certeza de que quando eu lesse essa carta no futuro eu estaria praticando uma boa alimentação, atividade física, bom convívio social com amigos e família, agradecida pelas coisas maravilhosas da minha vida e atingido meus objetivos.

Depois daquele exercício da carta para mim, no futuro, fui para a ação. Escrevi meus objetivos e meu plano de ação, que era ser mãe e assumir uma gerência superior com ampliação do meu escopo de atuação. Esse plano de ação era um exercício para indicar as decisões que eu deveria tomar para atingir meus objetivos, dando clareza ao caminho a percorrer.

Já acreditava e passei ainda mais a acreditar no poder de metodologias como SMART para definição de objetivos assim como conceitos sobre foco, capacidade e vontade. Foco neste caso era relacionado ao que era importante, o que eu queria atingir. Já capacidade era relacionado quais recursos necessários para atingir. Que hábitos ou comportamentos deveria adotar ou deixar de ter, que conversas deveria ter. A vontade, que estava relacionada ao entusiasmo e motivação para fazer, quais as perguntas que eu iria responder que me fariam saber que eu teria conseguido atingir meus objetivos.

Acredito que já estava usando alguns desses conceitos ao longo da minha jornada. Seja quando tinha o foco de ter uma vida melhor, seja quando entendia a importância de ter recursos para atingi-lo, como apoio dos estudos ou de profissionais que passaram pelo meu caminho. A motivação de ser exemplo, de apesar das adversidades, continuar a perseguir e a realizar sonhos. Por outro lado, o curso dava um caminho com técnicas facilitadoras para que a jornada fosse menos dolorosa e mais fluida.

Os exercícios do treinamento diziam que eu deveria ter foco em poucas coisas. Que eu deveria reorganizar minha vida de acordo com meu propósito, valores e visão e que eu tivesse consistência de hábitos, comportamentos e prioridades. Para isso deveria me desfazer de tudo que não estivesse em linha com meu propósito, valores e visão. No exercício específico das ações eu coloquei iniciativas como reduzir a quantidade de horas de trabalho durante a semana. Eu precisava ter tempo para me dedicar tanto ao meu desenvolvimento para conhecer novas atividades quanto ter tempo para o cuidado pessoal. Isso incluía abandonar padrões negativos, de me achar que não era suficiente, enfrentando a síndrome de impostora que até então, nos idos de 2016, ainda não era tão divulgada ou debatida.

Saí do curso com uma lista prática. Busquei melhorar a minha agenda de trabalho, reduzindo a quantidade de minha participação em reuniões; delegando mais atividades para a equipe tanto em termos de relacionamento quanto de representatividade. Neste período, por exemplo, decidi deixar a responsabilidade de representar a empresa no grupo de RH para outra pessoa do time. Dividi mais com minha irmã a responsabilidade de acompanhamento do cuidado com meus pais. Sabia que ela não podia se comprometer com o aumento das idas ao Rio pois era uma época desafiadora para ela que havia acabado de se tornar mãe. Por outro lado, existiam outras ações que ela poderia apoiar tais como gestão de compras de mercado, farmácia e agendamento de exames e consultas. Quanto ao autocuidado, agendei exames médicos para me preparar para a maternidade, incluindo melhorar a alimentação e leitura de informações sobre a gravidez. Eu sabia que abandonar velhos hábitos e introduzir novos não era simples, muito menos automático. Também temia não ter o apoio das pessoas que precisava. Por outro lado, sentia que algo novo estava acontecendo.

Saí daquele curso com uma visão de futuro clara que era me tornar uma pessoa com hábitos saudáveis que me permitissem ser uma mãe e uma profissional bem-sucedida.

49. Da descoberta da gravidez à saída para a maternidade

Na véspera de terminar o curso, senti uma fisgada na virilha e comecei a ter um pequeno sangramento. Decidi não tomar vinho naquela noite.

De repente, comecei a pensar que pudesse estar grávida, e tentava me lembrar de algum momento que pudesse ter levado a isso, já que, apesar de não fazer uso de anticoncepcional, usávamos preservativos em nossas relações. Até que lembrei de um dia muito especial em que não foi usado preservativo: o dia do retorno da última viagem de Barcelona, a data da formatura do meu marido. Voltei para o Brasil com o pensamento de que poderia estar grávida.

No sábado, quando retornei ao Brasil, não falei nada. Meu marido notou que eu estava diferente. Fui ao salão perto de casa para fazer uma escova e, em seguida, fui direto comprar um teste de gravidez na farmácia. Em casa, fiz o teste que comprovou o que eu sentia. Como num passe de mágica, tinha atingido meu primeiro objetivo. É claro que havia um novo e longo caminho pela frente, mas a gente se torna mãe no instante que sabe. E foi mágico. Me senti mais do que abençoada. Já tinha passado dos 40 anos de idade e tinha conseguido engravidar sem a necessidade de tratamento especial. Eu só tinha a agradecer.

Comecei a buscar um obstetra que me apoiasse e, depois de algumas tentativas, encontrei um médico que era bastante prático como eu. Acordamos que, pela idade, o caminho seria me preparar para uma cirurgia cesariana. Eu via algumas discussões sobre parto normal, mais humanizado, porém, coloquei na cabeça que não deveria arriscar. Não condeno quem opta pelo parto normal, pelo contrário, mas naquele momento eu precisava de algo que atendesse minha necessidade de praticidade, e a cesariana agendada era a melhor opção.

Os primeiros três meses de gestação correram muito bem, embora eu tivesse algumas preocupações. Inicialmente, fui tentar identificar se algum efeito da Chikungunya que tive poderia afetar a gestação. Na época, consegui o apoio da empresa para fazer upgrade do meu plano de saúde para ter acesso a exames mais sofisticados que pudessem identificar alguma interferência, e graças a Deus nada foi identificado. A preocupação seguinte era não contrair Zika, já que havia um surto da doença. Lembro-me de nas minhas idas ao Rio ir coberta de roupa, mesmo com um calor de 40°C. Chegou uma época que eu nem sentia mais calor. E as pessoas me perguntavam se eu estava doente no meio de um verão carioca toda agasalhada. Eu dizia que já era o instituto materno para proteger meu filho.

Tudo transcorria bem até ter o resultado de um exame de ultrassom que apontava divergência em alguns marcadores. Esta divergência podia ser um indício de síndrome de Down para meu bebê. Foi bem difícil para meu marido e eu recebermos aquela notícia. Difícil manter-se com ela por dois meses até ter novos exames que mostravam redução nesse indício. Eu ainda tive medo até o parto. Me apeguei a Deus e ao fato de que tinha a mesma idade que minha mãe tinha quando ela engravidou da minha irmã. E comecei a me preparar para a chegada do meu bebê, que eu já sabia que seria um menino e se chamaria Davi.

À medida que a gestação avançava, decidi focar no plano de ação da maternidade e de preparar a área para minha ausência durante o período de licença. Eu tinha um time de 4 pessoas e acordei com meu gestor quem ficaria responsável na minha ausência. Comecei a preparar o time tanto em termos de autonomia quanto em assegurar que tivessem todas as informações e condições para atuarem diretamente com o diretor, o que era uma boa oportunidade de desenvolvimento para todo o time.

Por outro lado, não posso dizer que não tinha preocupação, já que os temas que tratávamos eram delicados. Muitos processos envolviam a alta administração. Nesse caso, qualquer pequeno problema tinha uma visibilidade impactante. Por exemplo, errar a folha de pagamento de um consultor é uma coisa. Agora, errar um cálculo de pagamento do vice-presidente é outra. Uma gerente do passado dizia que a nossa área era nitroglicerina pura. Fazia referência a um dos explosivos químicos mais potentes que existem e pouco seguros. Qualquer queda, fricção ou aumento de temperatura dele causava sua explosão. Era assim uma parte das atividades da minha área na época, que envolviam este atendimento especial. Por estes motivos, tentei ser bem cuidadosa para deixar o time preparado para lidar com as situações eventuais que poderiam ocorrer, além da atividade cotidiana. Outra saída foi continuar contando com o apoio de um serviço avançado terceirizado durante o período para demais atividades de movimentação internacional. Por fim, procurei incentivar o time a aproveitar este momento como oportunidade de desenvolvimento.

Fui muito acolhida por este time que desde que soube da minha gravidez vibrou comigo. Literalmente fui muito bem cuidada por eles, por meu gestor da época e por muitas outras pessoas da organização, áreas pares e/ou clientes. Lembro do meu chá de fraldas que foi organizado de maneira especial pelo time. Depois desse chá de fraldas que eu tive prometi a mim mesma participar de todos os chás de fraldas existentes que são um serviço de utilidade pública. Eu comprei pouquíssimas fraldas nos primeiros seis meses graças ao que ganhamos nos chás de fraldas do trabalho. Uma pessoa do meu time que hoje é amiga me escreveu uma carta linda na minha última semana de trabalho. Na carta, ela dizia: "Hoje você está saindo uma pessoa e daqui seis meses (seis meses, viu!!) voltará uma outra pessoa. Tenho certeza de que toda a dedicação que teve e tem na sua vida profissional, você terá no seu novo papel de mãe. Vai, e se entregue, totalmente, a essa nova etapa de sua vida. O seu filho Davi precisa de você hoje e para sempre. Por aqui cuidaremos do seu legado profissional até sua volta. Sei que teremos alegrias, sofrimentos, pressão, êxito, etc, etc um mix ... como você também teve no seu caminho, mas estarei fazendo o melhor possível para manter tudo que preparou para que a área andasse pelas próprias pernas. Cada detalhe que pensou e fez, te faz uma profissional e pessoa única. Daqui alguns dias o Davi vai conhecer os seus pais e vai tirar tudo da ordem, do planejamento, da rotina, enfim, você vai ter que se reinventar. Mas sei que vai conseguir!! Como tudo que conquistou em sua vida. Até já já...". Senti profunda gratidão pela torcida, amizade e confiança de que o melhor estava por vir.

E assim, a maternidade foi chegando com tudo. Não era só uma transformação no meu nível hormonal e uma enxurrada de medos. Entre eles estava o medo de como cuidar desta nova vida, já que não teria a rede de apoio da minha mãe ou sogra por perto. Pelo contrário, eu ainda tinha que cuidar dos meus pais. Aquela história de que as mulheres mais velhas vão para casa e ajudam as mais novas quando o bebê nasce não iria rolar. E após uma longa discussão em casa, resolvemos, minha irmã e eu que, após o nascimento do meu filho naquele ano, meu pai iria para Arapiraca e traríamos mamãe para morar em São Paulo numa casa de repouso.

Cada dia que passava meu pai estava cada vez mais nervoso com a rotina de cuidadores em casa. Tivemos situações estressantes, pois para meu pai nenhuma cuidadora fazia o serviço direito. Ele não queria mais comer a comida delas e se recusava a ir aos médicos, literalmente começando a soltar o cachorro em cima de quem não gostasse. Em algumas situações, nos obrigando a ir ao Rio mais vezes no mês para resolver algum conflito. Eu ia com aquele barrigão. Me lembro que estava de 27 semanas voltando do Rio. Tinha perdido a condução até o aeroporto e corria o risco de perder o voo para São Paulo. Me arrisquei pegando um serviço de mototáxi de Bonsucesso, passando pela Linha Amarela, até o aeroporto do Galeão para chegar a tempo de pegar o voo. Depois desse dia, prometi para mim que precisava rever alguns limites porque tinha atingido um extremo e colocado em risco a minha segurança e a do bebê.

Retornei a fazer as sessões semanais de psicoterapia e foi um dos processos que mais me preparou para a maternidade. Mais do que me dar foco, afastando as distrações, era me ajudar a ter clareza do que fazia e não fazia sentido para mim naquele momento. Lembro que fiz sessão até a véspera do parto praticamente. E apesar dos planos de ações existentes, incluindo as versões A, B e C, e incluindo dia e hora marcada para a cirurgia cesárea, Davi chegou colocando por terra todas as previsões. Antecipou a data da cesariana em 5 dias.

Eu tinha programado que ele nasceria numa segunda-feira, após a festa da padroeira da igreja da minha região. Planejei considerando tempo hábil para preparar suas roupinhas, minha ida ao salão de beleza para escovar o cabelo e fazer as unhas. Era uma quarta-feira anterior à data programada e eu tinha feito quase tudo. Mas faltava a ida ao salão de beleza e os dias para ficar em casa sem fazer nada, só esperando ele. Eis que em pleno jantar, passando jornal na TV, a bolsa estoura. Eu achando que tinha derrubado um copo com água e, na verdade, era Davi dizendo: "mamãe, estou chegando". Fomos para o hospital na certeza de que a hora dele tinha chegado e eu tinha feito todo o possível para que ele fosse bem recebido.

Demos a ele o nome de Davi, inspirado nas histórias bíblicas. Como aquele Davi que acerta Golias com uma pedra. Davi sinalizava para mim que Deus é capaz de derrotar qualquer um dos gigantes em nossas vidas, como o medo e as adversidades, por meio de sua infinita bondade.

50. A vida após a maternidade: redes de apoio, mudança de cidade e casa de repouso

A maternidade aflora nossas grandes forças e fraquezas, que vão muito além da transformação no nível hormonal.

Eu sentia muita falta pela ausência da minha mãe, sogra ou das minhas tias para me apoiar naqueles primeiros dias. Por outro lado, sentia que estava me tornando mais forte com meu filho e para ele.

No início tinha muito medo de dar banho no meu bebê. Talvez porque minha mãe dizia que eu era muito estabanada quando eu ia dar banho nela, e acabava deixando cair sabão em seus olhos. Resultado: nos primeiros banhos do Davi, foi meu marido quem os deu. Por mais que tivesse noites mal dormidas, ver meu filho com saúde trazia uma felicidade abundante. Claro que tudo era novo e às vezes tenso.

Graças a Deus, contei com um parceiro maravilhoso que conseguia suportar meu mau humor de algumas manhãs ou minha louca vontade de comer canjica de madrugada. Além disso, ele apoiava todo suporte que eu dava para meus pais e ainda se colocava à disposição para fazer escova no meu cabelo, se necessário. Os primeiros quinze dias foram bem tensos, tanto por alguns exames que precisamos fazer no Davi quanto pela dificuldade em amamentar. Eu não conseguia amamentar direito nos primeiros 15 dias e Davi passou a perder peso. A pediatra recomendou que entrássemos com leite de fórmula para ele. Já tinha renunciado a algumas coisas em função da previsibilidade, como o parto normal, mas não queria renunciar à amamentação. Fui pedir ajuda.

Lembro-me de ter colocado no grupo de mães do prédio a dificuldade de amamentar e logo receber ajuda. A síndica do meu prédio se ofereceu para me ajudar, indicando uma fonoaudióloga para me ajudar a "pegar o peito". Outra vizinha logo me emprestou uma bombinha para ajudar a retirar o leite. Não imaginei que a bombinha era um recurso tão importante e fundamental aliado para a amamentação. Com o apoio da fonoaudióloga, fiz a adaptação do bico da mamadeira com uma sonda. Davi passou a ingerir leite de fórmula, mas tomando a partir do meu bico de peito. Com isso, meu seio era estimulado a produzir leite. Meu leite desceu e eu consegui alimentá-lo com o leite materno.

Acredito que fui muito abençoada por contar com uma rede de apoio não muito convencional, como o grupo de WhatsApp do condomínio, minha mãe, cuidadoras e amigos à distância, mas muito efetiva. Era uma rede de apoio ampla que incluía também vizinhos, primas e tias no Rio. Eles, sempre que podiam, visitavam meus pais. Davam aquela olhada se as cuidadoras estavam tratando bem deles. Se viam alguma coisa incoerente nos falavam. Na época meu pai impediu de colocar câmeras na casa. Então toda essa rede no Rio passou a ser "nosso olho". Tenho gratidão a eles porque podiam dar um pouco de atenção que eu, como filha, não conseguia dá. Uma prima fazia semanalmente caldo de pé de galinha para mamãe tomar e fortalecer os ossos. Outra prima que ia e contava piadas para meus pais se divertirem. Outro que muito nos apoiou foi um vizinho amigo que considerávamos como primo, e era um enfermeiro que vinha acompanhar as sessões de fisioterapia e aplicava injeção de remédio na mamãe quando necessário. E mamãe o considerava como um filho pois o viu crescer, casar, se tornar pai e ela sentia uma gratidão enorme quando ele cuidava dela. Eram pessoas em diferentes situações de vida, passando por diferentes desafios, mas que tinham um pouquinho de tempo para dar atenção e carinho. Foi uma época que passei me questionar mais do tempo que dedicava aos outros. Me questionava como tinha exercido de fato empatia com os outros até aquele momento e como eu queria exercer isso dali para a frente.

Eu era muito grata também a tecnologia que permitia compartilhar um pouco com eles minha nova realidade de mãe. Fotos, vídeos ou videochamadas, registraram momentos extraordinários dos primeiros meses do Davi e da emoção de compartilhar com os demais. Eu só levei meu filho ao Rio pela primeira vez em setembro, quatro meses após seu nascimento. Fizemos uma festa na casa dos meus pais e todos o conheceram pessoalmente.

Enfim chegou o dia de levar meu pai para Arapiraca e trazer mamãe para São Paulo. Na verdade, até o momento da viagem meu pai achava que mamãe iria com ele para Arapiraca e não somente ele. Minha irmã foi com meu pai de avião. Duas semanas depois trouxemos mamãe de carro para São Paulo. A sensação de deixá-la na casa de repouso foi muito ruim. Tínhamos condições de pagar os cuidadores no Rio, mas não tínhamos para pagar em São Paulo. Por isso a casa de repouso significava o melhor custo-benefício para ela naquele momento.

A casa de repouso ficava a 2 km da minha casa. Escolhemos o local depois de visitar seis instituições semelhantes. Procuramos um lugar em que ela tivesse um quarto, jardim, boa alimentação, atividades físicas e de lazer. A escolha feita com base nos aspectos financeiros, logísticos e com um certo conforto. E eu ia toda tarde visitar minha mãe nessa causa de repouso, com Davi enrolado no sling. Acompanhava-a a tomar o café da tarde. Ouvíamos música. Ela apreciava o neto, que na verdade também animava quase toda a casa de repouso. Todos queriam dar uma olhadinha nele. A casa tinha um jardim com rosas, muitos pássaros, área ampla para pegar sol. Os primeiros dois meses correram bem.

Eu estava animada porque se aproximava o Natal e poderia trazer mamãe para passar esta data conosco em casa. Também eu estava animada de poder levá-la para o batizado do Davi, na igreja que ela tanto frequentou quando mudamos para São Paulo, anos antes quando ela podia andar. Mas, logo em seguida, mamãe começou fica mais distante. Foi diagnosticado avanço do Alzheimer que ela já tinha desenvolvido. E em dezembro tanto mamãe como meu pai ficaram muito doentes. Meu pai em Arapiraca contraiu uma erisipela, uma infecção de pele, que se agravou e ele teve que ficar internado. Mamãe começou com uma infecção urinária e começou o tratamento na própria casa de repouso.

Decidi ir para Arapiraca com Davi de 5 meses para tentar ajudar meu pai e fiquei uma semana por lá. Reconheço hoje que fui muito corajosa em viajar com um bebê tão novinho. Em poucos dias, mamãe piorou e também teve que ser internada. Ela passou 30 dias no hospital. Não pôde participar das festividades de fim de ano, tampouco ir ao batizado do neto. Mamãe lutou durante todo o período para enfrentar a infecção e sarar quatro escaras enormes espalhadas pelo cóccix, tornozelos e cotovelos. Ela ficou na UTI por dez dias, de forma isolada. No hospital, diziam que o isolamento era uma medida preventiva de contaminação para todos os internos oriundos de casas de repouso.

Um dos maiores arrependimentos que tive da minha vida foi ter levado mamãe para a casa de repouso. Hoje vejo que não era adequada para ela. Seja pela doença que ela tinha, seja pela geração dela. Acho que foi a distância da sua casa, do meu pai que piorou a doença de Alzheimer. Levei um tempo para concluir que a decisão que tomei em consenso de levá-la para lá foi com base nos recursos que tinha. Foi uma decisão com a melhor das intenções. Foi uma lição de que não dá para controlar tudo. Levei um tempo para me perdoar sobre isso. Tivemos dias e noites de preocupação com os dois. Levou um tempo, mas graças a Deus os dois se recuperaram.

A decisão que tomei em conjunto com minha irmã foi trazer minha mãe para se recuperar no Rio. Quando ela teve alta do hospital, a trouxemos de volta para o Rio. Decidimos que após sua recuperação completa a levaríamos para morar junto com meu pai em Arapiraca. Decidimos ainda transferir Bethoven, nosso cachorro, do Rio para Arapiraca.

A transferência do Bethoven foi antecipada para que ele pudesse fazer companhia ao meu pai que tinha piorado com uma depressão. Depois de muita pesquisa e cotação de preços, encontramos um transportador de cachorros. Este transportador tinha uma van adaptada para o translado dos bichinhos e levou este ilustre integrante da família ao encontro do meu pai. Sem dúvida alguma um instrumento de ânimo e conforto para meu pai superar a depressão que vivia naquele momento.

Foram situações que reforçaram que a gente não tem garantia de controlar tudo, tanto em nossas vidas, quanto mais na vida dos pais.

51. Retorno da licença-maternidade

Os seis meses de licença-maternidade e férias voaram. Era janeiro e eu já tinha decidido a creche em que deixaria meu bebê. O que mais pesou na decisão de escolha foi a logística. Na época a creche escolhida era localizada na rua de casa, isso ajudava muito na organização doméstica e no trabalho.

Um pouco antes de retornar da licença, reiniciei minhas sessões de terapia, fundamentais para apoiar meu retorno ao trabalho. Também levei Davi ao prédio da empresa para conhecer o time e tirei fotos dele com alguns colegas. Era uma espécie de preparação para meu retorno. A princípio, imaginava encontrar um ambiente de trabalho um pouco diferente.

Mantive contato com meu time e alguns pares durante a ausência e não tinha nenhum detalhe de mudança estrutural acontecendo. Mas fui surpreendida uma semana antes do meu retorno com o aviso do meu chefe sobre sua saída da organização, e mais uma grande mudança de estrutura organizacional. Tive um pouco de receio, mas acho que minha vontade de voltar a trabalhar era mais forte. Acredito que, por trabalhar fora desde os 14 anos, retornar ao trabalho tinha um significado muito importante para mim.

Era início de 2018 e eu retornei para a mesma atividade respondendo temporariamente para uma Vice-Presidente, dois níveis acima do meu. Não tinha sua gestão direta porque a posição da minha liderança direta era um nível de diretoria, e essa posição de diretoria ficou vaga por 4 meses. Neste período, sendo bem sincera, meu foco foi apagar os incêndios existentes.

Numa revisão de estrutura organizacional em andamento, havia processos de chegada e de desligamento de executivos que envolviam um acompanhamento cuidadoso para a conclusão desses processos. Como fez falta ter um gestor direto nessa chegada.

Não para me ajudar a apagar os incêndios, mas sim para me apoiar com o retorno após a licença-maternidade, me conectando às novas estratégias da organização.

Hoje vejo que houve evolução nestes últimos 5 anos com empresas que possuem programas estruturados de recepção de mulheres após a licença-maternidade e fico feliz. Acredito que é um instrumento importante no apoio do retorno e reintegração ao time. Apesar de na minha volta de licença não ter gestor, nem este apoio estruturado, eu tive apoio do meu time que sou muito grata por tudo que fizeram por mim naquele momento.

Eu recebi uma mensagem de outro colaborador do time, hoje meu amigo, muito linda que aqueceu meu coração. Ele me entregou no dia em que retornei e dizia: "Jacque, chegou o momento do seu retorno às suas atividades, ao nosso convívio. Desta vez, compartilhado com o anjo Davi, que fará seu coração se apertar, mas você irá conciliar isso muito bem. Infelizmente nem tudo está como você deixou, pois no final algumas coisas mudaram. Mas os desafios estão todos aí, prontos para nos atacarem. Nestes sete meses corremos muito, sofremos, choramos, rimos, dentre tantas coisas que fizemos a mais importante foi saber que a sua volta iria completar nosso time novamente. Que o sucesso continue a te iluminar, pois quero sempre estar contigo. Um grande beijo e vamos lá!". Eu me senti muito acolhida com esta mensagem e com todas as ações desse time.

Hoje sou muito grata por ter tido um time tão coeso, respeitoso, com pessoas por quem tenho uma amizade para o resto da vida. Também encontrei no meu retorno um grupo de mulheres que amamentavam e retiravam leite numa salinha do prédio em que trabalhávamos. Ali sempre havia uma troca de experiência muito boa. Depois estas mulheres se tornaram um grupo de What'sApp com trocas, dicas, informações, ajudas e desabafos. Era um canal extraordinário tanto para ajudar a tirar dúvidas, quanto para o compartilhamento de histórias engraçadas ou de superação da maternidade, tais como ter conseguido amamentar, ter tratado uma assadura, ter conseguido fazer a lavagem nasal, entre tantas outras.

Foi graças a este grupo e outros suportes que eu consegui amamentar Davi até 1 ano e 8 meses. As experiências e histórias me incentivaram. No primeiro ano eu ordenhava o leite na hora do almoço, depois fui amamentando somente em casa pela manhã e durante a noite.

Após quatro meses do meu retorno de licença, recebi uma nova chefe. Em especial, gostei muito dela por ser mulher e mãe. Já faziam algum tempo só tendo chefes homens e eu achava que naquele momento ter uma figura feminina por perto ia muito ajudar. Me recordava da época das minhas primeiras gestoras mulheres que me apoiaram bastante.

Depois de alguns meses retomei o plano de ação que eu tinha feito no curso do Leading Self. Tomei coragem e tive uma conversa com minha chefe sobre o que eu gostaria de fazer, minhas expectativas de carreira. Compartilhei que queria ampliar meu escopo de atuação, crescer e ampliar minha remuneração. Ela foi bastante direta sobre o que eu precisava fazer. Disse que eu precisava fazer mais coisas e coisas diferentes para ter esse reconhecimento. De uma maneira geral, constatei que ela e eu estávamos alinhadas.

52. Carreira: busca por crescer após a maternidade

Eu passei a querer atuar em cada novo e diferente projeto que surgisse nesta busca por fazer mais coisas e coisas diferentes.

Foi assim que eu comecei a me envolver mais no processo de gestão do clube de colaboradores do qual era conselheira. E, quando houve a decisão da empresa de encerrar o clube, fui designada para estar à frente. A empresa decidiu encerrar as operações do clube para ampliar a promoção de bem-estar para todo o grupo de colaboradores, não restringindo apenas aos associados. Essa decisão fazia sentido por estar mais alinhada às práticas de mercado e por concentrar esforços para 100% da população de colaboradores.

Eu sabia que não seria um projeto fácil, pois o encerramento do clube causaria um sentimento de perda aos colaboradores associados. Era uma decisão que exigia um cuidadoso processo de mudança e comunicação. Tinha vivido um pouco do efeito desse sentimento de perda, por exemplo, na crise hídrica quando os salões de beleza patrocinados pelo clube que ficavam dentro dos escritórios, em algumas localidades, tiveram que ser fechados, o que causou incômodo e impacto no clima.

Devido à minha experiência anterior e à vontade de atuar, fui nomeada a liquidante legal, responsável pelo processo de liquidação e extinção judicial do clube. Isso incluía identificar alternativas aos serviços oferecidos, venda de bens, pagamento de despesas, suspensão de pagamentos associados, desligamento de colaboradores e cumprimento de obrigações legais.

Foi um projeto que exigiu uma comunicação cuidadosa, pois os associados tinham uma excelente percepção do clube. Era necessário esclarecer o motivo do encerramento, o destino dos bens e serviços prestados até então. Obtive o aval da gestão para contratar uma consultoria para o projeto. A avaliação de consultoria independente apoiando a decisão da empresa foi fundamental, e contar com uma empresa de renome para esse serviço ajudou no processo.

Não posso dizer que foi um processo fácil ou que não houve conflitos, inclusive com abalos em relacionamentos interpessoais existentes com os defensores desse benefício. Reconheço que era muito difícil para quem atuou no clube desde o início ver o encerramento das atividades, considerando tantas grandes entregas feitas pela instituição. Aqui eu registro meu lamento e a importância do aprendizado de como separar as decisões corporativas dos efeitos nos relacionamentos pessoais. Mais uma vez em função de objetivos da empresa somos obrigados a tomar decisões. Isso faz parte do universo corporativo.

O clube exerceu um papel fundamental no meu primeiro ano de adaptação a São Paulo, seja através da participação em grupos de corrida de rua, aulas de dança na hora do almoço, cursos, passeios de final de semana ou torneios de xadrez, boliche e futebol. Detalhe: o clube incluía jogos de futebol feminino, sendo pioneiro numa época que não se encontrava muito incentivo para a modalidade de jogo feminina. Registro a importância do clube e parabenizo todos os envolvidos nas ações oferecidas pela instituição durante sua existência.

Este foi um dos grandes projetos que entreguei após meu retorno de licença maternidade, o que me fez ter certeza de que estava na direção certa para atingir um dos meus objetivos de carreira, que era ampliar meu escopo de atuação.

53. Carreira: a transformação do RH e um passo em falso

Muitas vezes vinha à minha cabeça a cobrança de como, sendo mãe, conseguiria continuar estudando. Tinha uma lista de livros e artigos para ler sobre temas relacionados ao trabalho e à maternidade, mas conseguia ler muito pouco e não encontrava espaço para um curso fora do horário de expediente.

Lembrando da minha mãe que sempre dizia "conversando a gente se entende", tomei coragem e pedi ajuda no trabalho. E consegui autorização para fazer um curso parcialmente durante o expediente, relacionado ao tema de governança corporativa, que não apenas despertava meu interesse, mas também era útil para o meu dia a dia.

Meu time tinha a responsabilidade de responder a pesquisas, relatórios relacionados à governança e iniciativas voltadas para o ESG (Ambiental, Social e Governança), como participação em avaliações de índices de sustentabilidade e relatórios oficiais. E foi minha participação nesse curso que me ajudou a apoiar o time em outro projeto no qual me envolvi de corpo e alma: implantar o processo de avaliação de desempenho dos membros do Conselho de Administração.

Apesar de ter o mesmo conceito do processo de avaliação de desempenho aplicado aos colaboradores, ou seja, medir a performance das entregas, esse tinha um efeito direcionador. Era um instrumento tanto para o desenvolvimento do grupo quanto para a revisão de processos relacionados a ele. A avaliação poderia trazer aspectos relevantes para ajustar a governança desse órgão, além de ser exigida pelo mercado e por instituições que fiscalizavam as companhias abertas.

Liderei com o time a implantação dessa ferramenta de avaliação, que teve um efeito positivo não só na melhoria da governança, mas também ajudou a empresa a obter uma melhor pontuação em índices que mediam e avaliavam práticas ESG. Permitiu a ampliação da pontuação nos índices de governança corporativa ISE e Down Jones daquele ano, contribuindo para que a companhia alcançasse um recorde em sua pontuação total e liderança setorial. Fiquei muito orgulhosa de ter apoiado nesse projeto.

Durante 2019, iniciou-se um processo profundo de transformação no time de recursos humanos, com a formação de equipes multifuncionais e tomada de decisões baseada em dados. Sair do achismo e partir para uma análise preditiva de comportamentos e visão de futuro. À medida que o formato de gestão evoluía para times mais ágeis, era possível dividir o tempo de trabalho dos times entre atividades funcionais de entrega da área e projetos para solucionar problemas, conhecidos como "squads".

Foi neste período que retomei uma conversa sobre o próximo passo que gostaria de dar com a minha gestora na época. Compartilhei que via como alternativa participar do processo de eleição para membros do conselho do fundo de pensão. Eu já havia sido eleita conselheira representante da empresa no passado e agora via a oportunidade de me tornar conselheira representante dos colaboradores. Vi a candidatura como uma oportunidade, considerando que no futuro próximo poderia estar em outra atividade. A resposta que recebi foi ambígua: nem um sim, nem um não. Ela me pediu para avaliar se era isso mesmo que eu queria e disse que ainda não tinha uma posição futura para mim.

Alguns desencontros de agenda e chegou a data da inscrição no processo eleitoral. Como minha gestora estava de férias fora do Brasil, fiz minha inscrição e, ao seu retorno, compartilhei com ela para saber se estava tudo bem seguir. Isso foi um erro, pois, ainda atuando na área, poderia ser considerado um conflito de interesses. Poucos dias depois da inscrição, ao perceber meu erro, retirei minha candidatura e me desculpei pelo ocorrido não apenas com ela, mas também com a chefe dela, assumindo que a decisão havia sido exclusivamente minha.

Nesta situação, aprendi a importância da interpretação de sinais e do que está nas entrelinhas. Tempos depois, uma psicóloga me disse que quando seu chefe não diz nem sim nem não e pede para você avaliar, geralmente é um não.

Outra situação foi quando atendia um alto executivo. Ele me questionou se estava indo tudo bem na nova área, e se precisasse de algo que eu falasse com ele. Achei simpático, fiquei agradecida, mas não imaginei que um dia fosse necessário ter que recorrer a isso. E, no dia que recorri, ele não pode me atender. Mais uma vez, constatei a importância da comunicação e da interpretação.

Eu ouvi numa palestra sobre a dificuldade do brasileiro de dizer não. O palestrante trouxe a piada do estrangeiro perguntando no avião para o comissário de bordo, um brasileiro, se tinha água de coco. O brasileiro deu as respostas mais variadas tais como: "tem, mas vou ficar devendo hoje", "normalmente tem" ou "tem, não". Todas as respostas pareciam que tentavam evitar o uso do não.

Por algum tempo pensei se nos dois episódios meus interlocutores tiveram dificuldade de dizer a verdade ou fui eu que com meu comportamento de seguir exatamente o que estava dito não percebi as entrelinhas.

Levei um tempo para me perdoar, mas o fiz com a certeza de que meu objetivo era somar e não prejudicar, alinhado aos meus princípios e valores. Passei a cuidar ainda mais da objetividade e transparência em meu dia a dia, não apenas para economizar tempo e evitar interpretações equivocadas, mas também para deixar claro o que quero comunicar ao meu interlocutor. Estes eventos me fizeram prestar mais atenção ao que pode estar nas entrelinhas durante uma conversa.

54. A desmobilização da casa no Rio, uma certa estabilidade e a realização de sonhos

Fazia um ano que mamãe tinha mudado para Arapiraca e estava vivendo bem com meu pai. Ele aceitava as duas cuidadoras que se revezavam para cuidar deles e da casa. Existiam alguns conflitos, mas infinitamente em número e grau menores quando comparados com as cuidadoras do Rio.

Dizem que o clima do nordeste cura tudo. Não sei se é verdade, mas o humor do meu pai melhorou muito depois que ele voltou a morar lá. Ele foi ficando mais calmo e feliz. Era como se ele tivesse cumprido seu propósito de vida. De ter trabalhado, conquistado coisas, ultrapassado obstáculos e que iria morrer e ser sepultado no lugar que tinha prometido para a mãe dele. Ele começou a expressar isso várias vezes.

Já mamãe estava serena. Não posso dizer que feliz. Às vezes eu brincava com ela dizendo "mamãe, a senhora achou que a gente ia abandoná-la". Ela dizia "nunca achei isso minha filha". E completava: "minha filha você me viu cuidando do seu avô. Você via o quanto seu pai cuidava da mãe dele mesmo distante. Eu não podia esperar algo diferente de vocês". Por fim, ela dizia: "achava que você não ia ter filhos, ia ficar cuidando de mim para sempre. Mas Deus quis que você tivesse o seu menino. Ele é o seu tesouro como você e sua irmã são os meus. Cuide bem do seu tesouro".

Minha irmã e eu fomos ao Rio desocupar a casa que eles moravam. Fizemos isso só após um ano de permanência dos meus pais em Arapiraca. Tínhamos medo de desocupar a casa antes e ocorrer algum contratempo que precisasse trazê-los de volta. Fizemos um dia de venda dos móveis e utensílios da casa na garagem. Separamos poucas coisas para cada uma trazer para São Paulo, e outras enviar para eles em Arapiraca. Foi um dia animado. Muitos vizinhos vieram comprar algo e o que não foi vendido foi doado. Mas passar por este processo de desocupação daquela que foi nossa casa desde o nascimento foi doloroso. Ver cada cômodo sendo esvaziado foi triste. Por mais que saibamos que as memórias ficam na mente e no coração, era como se estivéssemos passando um pano nas memórias daquele lugar que conheci desde que nasci. Daquele lugar que não poderia mais compartilhar com meu filho.

Lembro-me dele pequenino brincando com aquela máquina de escrever que meu pai me deu quando era adolescente com o intuito de me ajudar a trabalhar num escritório e a dor que rasgou meu coração. Passava um filme na minha cabeça quando via as louças de almoço e jantar do dia a dia, e aquelas louças destinadas às datas especiais que mamãe tanto guardava. Me fazia refletir no que eu queria e o que eu deveria viver no momento aqui e agora. Um autofalante na minha cabeça dizia para não deixar mais para amanhã o que podia ser feito hoje. Não guardar a melhor louça, a melhor roupa ou o melhor sapato para depois porque o aqui e agora pede que aproveitemos esta vida a cada momento com a melhor intensidade possível que você possa ter.

E a vida seguiu em frente. E eu fui realizando alguns sonhos, com menos receio ou medo e com mais vontade. Um desses sonhos foi fazer uma viagem maravilhosa para a Costa Oeste dos Estados Unidos. Davi pequenino, um ano e três meses, mas curtindo e estando juntos compartilhando lindos momentos. Passamos por várias cidades e ficamos um tempo maior em Yosemite, parque nacional americano, destino escolhido para fotos de paisagem, o foco da viagem. A viagem foi linda, mas um pouco cansativa. Pegamos quase zero graus de temperatura. Medo de sair à noite para tirar foto e encontrar com algum urso. Tentar cozinhar ovo com água quente da pia do hotel. Entendi ali por que se prefere os resorts com all-inclusive e toda sua infraestrutura para viagens de férias com crianças.

Mas ao final valeu muito a pena. Realizar sonhos é muito bom, muitos com a ajuda financeira que a gente recebe em troca do nosso trabalho e dedicação. E eu sou muito grata por isso.

55. Encaminhamento de coisas antes da pandemia

Por mais que fosse contadora e historicamente vivesse uma vida considerando a recomendação de manter os gastos sob controle, ajustar o orçamento era necessário para dar conta das despesas.

Era um momento de buscar economias para suportar os custos de manutenção das casas no Rio e em Arapiraca, além da minha em São Paulo. Depois da promoção a gerente, não aumentei meu padrão de vida. Resistir à tentação de trocar de carro por um modelo superior, por exemplo, foi um dos meus focos, já que minha prioridade era quitar um imóvel financiado que tinha. Por outro lado, os custos com o suporte para meu filho e meus pais estavam aumentando. Sempre fui quem ganhou mais em casa e assumia a maior parte das obrigações financeiras. Portanto, era importante estabelecer controle tanto dos gastos em São Paulo quanto no Rio e em Arapiraca.

Passamos a fazer cotação antes de comprar remédios, fraldas ou no mercado, além de contratos de fisioterapia, dentistas ou cuidadores. Buscava recursos alternativos, como do SUS, para doação de parte das fraldas usadas por mamãe. Reconheço que, mais do que a capacidade de gestão, viver um degrau abaixo dos gastos foi meu grande aliado para suportar parte dos custos neste período.

Depois de mais de um ano com a casa do Rio desocupada, assumindo os custos de manutenção e algumas tentativas frustradas de venda, finalmente conseguimos vendê-la. Isso nos permitiu pagar as dívidas e financiar a estadia dos meus pais em Arapiraca de forma mais confortável. E, como eu acredito, Deus sabe de todas as coisas, a venda foi concluída um mês antes do início do *lockdown* decretado pela Organização Mundial de Saúde - OMS após a declaração da pandemia.

A última vez que estive no Rio antes da pandemia foi para assinar o contrato de compra e venda do imóvel. Estava com um sentimento de gratidão pela venda e por ter levado Davi junto para se despedir de um dos lugares em que vivi no Rio. Por outro lado, havia uma preocupação.

Eu havia recebido um convite para ser palestrante em um evento internacional em Madrid da RED FODIRH - ABG PERSONAS. Referia-se ao encontro periódico promovido por uma empresa especializada em gestão internacional que reunia mais de 125 empresas na Espanha com o triplo objetivo de atualizar, compartilhar e gerar conhecimento e informação especializada nas áreas de Recursos Humanos voltadas para a mobilidade internacional. O tema da reunião era "De Ulrich a Agile: Nuevos Modelos Organizativos HR en Contextos Multipaís". No evento seria discutida a experiência de novos modelos organizativos de RH com exemplos das empresas convidadas e eu falaria sobre a experiência vivida no Brasil junto com profissionais de empresas tais como Repsol, BBVA e IBM. Eu fiquei bastante lisonjeada com o convite em participar. Segui os protocolos internos da companhia para aceitar o convite já que envolvia o pagamento por um agente externo de custos elevados de viagem, tais como passagem aérea, hospedagem e demais gastos logísticos, e obtive a aprovação da área responsável por compliance para poder ir.

Seria uma experiência enriquecedora, mas estava apreensiva com os riscos de viajar. A cada dia os noticiários apresentavam o aumento dos casos do COVID na Ásia. Pensava em ir e correr o risco de contrair a doença, voltar e contaminar minha família. Tinha no mês seguinte uma viagem agendada para visitar meus pais em Arapiraca, o que aumentava ainda mais minha preocupação.

Decidi ir, mas pedi para fazer a palestra e retornar no mesmo dia. Assim, passei menos de 24 horas em Madrid, saindo do aeroporto direto para o evento e retornando ao Brasil na mesma noite. Cheguei por volta das cinco da manhã. Descansei por duas horas. Depois tomei um banho e fui para o evento. No final da tarde passei no escritório da empresa para cumprimentar alguns amigos e retornei para o aeroporto. Meu voo de retorno era por volta das

23h da noite daquele mesmo dia. Lembro de só ter dado tempo para comprar no aeroporto um brinquedo de aviãozinho para Davi e uma bonequinha para a filha de uma amiga. E deu tudo certo.

Isso foi em 18 de fevereiro, e menos de um mês depois, iniciava-se o *lockdown* devido à pandemia. Imediatamente, iniciamos o trabalho remoto em casa, e meu voo para Alagoas, que estava agendado para poucas semanas depois, foi cancelado.

56. A pandemia, Projeto de Educação Financeira

A princípio, imaginávamos que era algo que no mês seguinte se resolveria. No entanto, estávamos enganados. Passamos muito rápido para uma situação sem qualquer previsibilidade de terminar. Passamos a viver a restrição da aglomeração em São Paulo e em Arapiraca.

Proibimos as visitas na casa dos meus pais. Diferentemente do Rio, eles não recebiam muitas visitas em Arapiraca. Mas restringir o bate-papo de vizinhos pela manhã na calçada enquanto eles pegavam o banho de sol, mostrou o peso grande que o isolamento causaria ao longo do tempo para eles. Redobramos os cuidados com mamãe. Nosso objetivo passou a ser que ela não tivesse qualquer intercorrência que obrigasse levá-la aos hospitais que cada dia recebiam um maior número de contaminados. Por mais que recomendasse às cuidadoras seguir com a restrição, usar máscara, redobrar a higienização, eu tinha muito medo. Às vezes passava pela cabeça, se eu ou a minha irmã estivéssemos lá poderia dar mais garantia para que eles não se contaminassem. Hoje tenho clareza de que não tínhamos como dar qualquer garantia nesse sentido.

Davi tinha dois anos e 8 meses. Eu pretendia desfraldá-lo naquele trimestre e, também, retirar a mamadeira. Até então ele mamava só duas vezes ao dia, pela manhã e à noite. Praticamente ao final da primeira semana de *lockdown* ele já estava consumindo oito mamadeiras ao dia. Dar a mamadeira era uma forma de acalmá-lo e ajudava a administrar as novas rotinas concomitantes que se estabeleceram na pandemia. Eram as rotinas do trabalho, do cuidado de filho e do cuidado da casa. Durante a semana estes cuidados da casa estavam relacionados a comida e a prática da sobrevivência. O que eu me refiro aqui para a prática de sobrevivência era alimentação, pratos, talheres, roupa de cama e de banho, minimamente limpos e/ou usáveis. E, ainda, a retirada de lixo. A limpeza pesada, compras e todo o mais necessário para a próxima semana, fazíamos durante o final da semana.

Iniciamos rotinas para conseguir trabalhar que sinceramente foram introduzidas por sorte. Percebemos que um vídeo do YouTube do show Música de Brinquedo do Pato Fu acalmava Davi. O show tinha músicas brasileiras e em inglês que o acalmavam após o almoço e ele dormia. Dormia às vezes por até três horas e isso nos dava uma tranquilidade maior para trabalhar na parte da tarde, entre as treze e dezesseis horas. Porém, este sono impactava o período da noite, e ele muitas das vezes só conseguia dormir após as 23h, o que comprometia totalmente a minha rotina de sono. Antes ele dormia por volta das 20h e eu conseguia após este horário voltar a trabalhar, ou fazer a leitura de um artigo ou mesmo descansar.

No trabalho comecei a participar de um fórum que discutia novas formas de trabalho, que já se antecipava à realidade durante e pós-pandemia com o modelo de trabalho remoto. O fórum buscava preparar a empresa para o "novo normal" que estaria por vir após pandemia. Neste ponto a empresa tinha vantagem pelo fato de já ter adotado um modelo de trabalho híbrido para a maior parte das áreas administrativas antes da pandemia. O modelo híbrido considerava dois dias da semana remoto e três dias no escritório. Porém naquela época o modelo ainda sofria bastante resistência de adoção por parte de muitos líderes. O que a pandemia fez foi colocar por água abaixo esta resistência já que a maioria da população foi para o home office.

Neste fórum já eram discutidas as vantagens e desvantagens que a ampliação do trabalho remoto poderia oferecer. Entre as vantagens estavam a redução do tempo de deslocamento, a redução em despesas com imobiliário ou a facilidade para o colaborador portador de deficiência, visto que reduzia a dependência de deslocamento até o escritório. Estas vantagens apontavam para uma diminuição do absenteísmo, melhor equilíbrio entre o trabalho e a vida pessoal; sem falar os benefícios para a sociedade. Diminuição nos congestionamentos nas grandes cidades e redução da poluição ambiental eram citados. Por outro lado, nas desvantagens, já se apontava uma tendência em trabalhar mais horas e uma sobreposição entre trabalho remunerado e vida pessoal. Uma dinâmica que poderia levar o colaborador a altos níveis de estresse. Outros pontos importantes que preocupavam era a dependência tecnológica, a vulnerabilidade de dados. E, também, do risco do isolamento desse colaborador e redução ou ausência de sentimento de pertencimento à empresa.

Boa parte do trabalho que fiz foi ir atrás de empresas que já adotavam o trabalho remoto de forma madura, ou seja, já há mais tempo, bem antes da pandemia. Fui atrás dessas empresas para entender o que elas ofereciam em termos de benefícios. E ali encontrei desde ajudas como auxílio para cobertura com os gastos de luz e água, ou internet, quanto gastos com o mobiliário atendendo as necessidades ergonômicas. Na época eram iniciativas que representavam um impacto importante para as empresas devido ao volume de trabalhadores tanto em termos de custos quanto de legislação trabalhista vigente que não contemplava de forma clara o modelo remoto, mas que depois com o advento da pandemia foi revisto. Ajudar a fazer benchmarking, conversar com outras empresas, entender seus processos e retornar para o fórum interno, discutindo e buscando alternativas era bastante motivador e pude aprender bastante.

Outro projeto paralelo de que pude participar foi o desenvolvimento de um programa de educação financeira. O projeto surgiu em função da necessidade de apoiar colaboradores devido ao aumento do nível de endividamento com descontos de empréstimos em folha de pagamento. Constatamos na empresa um reflexo do que ocorria na sociedade e que foi intensificado com a pandemia. Na época as pesquisas mostravam o nível de inadimplência alcançando o recorde desde 2019 e a pandemia somente piorou a situação. Dados do SPC – Serviço de Proteção do Crédito na época mostravam que em média 40% da população adulta era atingida pela inadimplência. Está endividado é diferente de estar inadimplente. Enquanto o endividado é quando a pessoa contrai uma dívida, o inadimplente é quando não se tem capacidade de pagar esta dívida. Realizar dívidas às vezes é necessário quando não se consegue comprar algo à vista. A realização de dívidas pode ser saudável se antes de contraí-la o devedor analisou alternativas, que incluem custos, capacidade de pagamentos, bem como um objetivo e uma perspectiva de pagamento. Acho que tenho exemplos positivos e negativos disso. Na maioria das vezes que contraí dívidas de financiamento para compra de imóvel considerei minha capacidade de pagar a parcela e também abater o saldo devedor com recursos do Fundo de Garantia por Tempo de Serviço – FGTS. Porém, certa vez eu financiei um imóvel esperando vender outro imóvel antigo, acreditando que em seis meses eu conseguiria vender e usar o recurso para diminuir a dívida que eu tinha. O que não ocorreu. Levei mais tempo para vender o imóvel antigo e quase me tornei inadimplente em algumas parcelas do financiamento.

Na época os colaboradores podiam contrair empréstimos em até três instituições diferentes: via empréstimo consignado, fundo de pensão e cooperativa de colaboradores, e em alguns casos pegavam mais de um empréstimo de forma concomitante. Pesquisa da Lockton da época mapeou que problemas financeiros tanto com o colaborador quanto envolvendo seus dependentes, diretos ou indiretos, causavam acometimentos da saúde mental nas empresas que já adotavam algum programa de saúde mental. Entre a lista de problemas estavam depressão, suicídio e transtorno de ansiedade.

Tive um carinho em especial por este projeto porque me vi como sujeito desta situação até pouco tempo com as preocupações financeiras com o cuidado dos meus pais. Reconhecia como as preocupações financeiras podem frear nossa perspectiva de mundo. Por outro lado, como empresa além de reconhecer o problema e ajudar as pessoas a lidarem a situação, por intermédio da educação financeira, era também uma questão de buscar equilíbrio econômico. Por exemplo, quando a margem consignável para desconto em folha do colaborador é reduzida, isso causa impacto nos descontos de coparticipação em eventos médicos. Ou seja, a empresa não tem condições de descontar a coparticipação e assume este custo adicional dos eventos médicos. As pesquisas sobre o que ocorria no mercado também mostraram incremento de número de afastamentos por doenças emocionais, onde se encontravam além do endividamento questões tais como compulsão por compras, e, em alguns segmentos, aumento do turnover com desligamentos provocados com a justificativa de uso do saldo das verbas rescisórias para quitar dívidas.

À medida que fui evoluindo em minha carreira, fui percebendo o poder que alguns projetos tem de ir ao encontro da minha satisfação pessoal e meus propósitos de trabalho e de vida. Esse projeto foi um desses. Pensar que neste projeto eu comecei para resolver um problema pontual e ao final o time se deparou com um grande motor de apoiar as pessoas a se desenvolverem. Ajudar a empresa ter uma visão mais ampla do indivíduo para seu desenvolvimento, olhando não apenas as competências de trabalho foi incrível. Apoiar estas pessoas para resolver problemas, se libertarem das dívidas, buscarem uma independência financeira foi muito gratificante. Eu liderei o desenvolvimento desse programa que começou pequeno com identificação das áreas mais críticas, com pequenas palestras e depois foi se tornando grandioso incluindo por fim um curso na plataforma de aprendizagem. O curso era dividido em módulos que consideravam os níveis de entendimento de finanças, daquele que gasta mais do que ganha até um possível eventual operador de *home broker,* sistema no qual investidores conseguem negociar produtos do mercado de capitais. Identificava ainda as personas da população de colaboradores e considerando as diferentes fases da vida que a pessoa podia estar vivendo da dívida, da ampliação familiar ou da pré-aposentadoria. Este projeto trouxe engajamento de diferentes áreas e conexões com as diferentes estratégias que a companhia tinha como por exemplo de diversidade já que a Independência financeira é um dos pontos importantes para empoderamento feminino e redução de violência doméstica.

Quando penso no propósito do meu trabalho encontro ser instrumento para proporcionar uma experiência que gere um impacto positivo e ajude as pessoas. Um impacto através de um atendimento com o cumprimento do básico, do que era esperado, de forma correta, de preferência sem retrabalho, mas que no final a experiência deixasse uma marca positiva. Fiquei muito orgulhosa de fazer parte desse projeto que impactou tantas pessoas. Por mais que a rotina de trabalho remoto fosse intensa eu estava muito feliz em fazer parte desses projetos. Eles foram motores e motivadores para aquele momento adverso que estávamos passando. Vivíamos um momento de tensão com a pandemia, de incerteza e de medo. Parei de assistir jornais. E falava todos os dias com minha mãe.

57. Despedida da mamãe

E de repente, no meio da pandemia, eu passei a liderar um novo time, com um novo gestor e uma abrangência de atendimento nacional. Deixei de reportar para um nível de diretoria e comecei a reportar para um nível abaixo de gerente sênior.

Apesar de alguns considerarem isso um *downgrade* de função, eu via como uma oportunidade de desenvolvimento, com um novo escopo de atividades e uma maior proximidade do nível de gestão. Acreditei firmemente que essa mudança impulsionaria meu crescimento profissional.

Lembro-me de compartilhar essa novidade com minha mãe, preocupada com os desafios dessa nova área. Ela sempre me incentivava, dizendo que tudo daria certo e que logo nos encontraríamos após o fim da pandemia. Suas palavras de encorajamento incluíam o conselho de ser amiga e próxima da minha nova chefe. Às vezes, a memória da mamãe falhava, mas em outros momentos, ela demonstrava uma lucidez surpreendente.

Um dia, durante uma tarde intensa de trabalho em casa, recebi uma mensagem no grupo de WhatsApp das cuidadoras, com uma foto de uma cobra encontrada embaixo da cama da minha mãe. Senti meu coração acelerar e uma vontade de vomitar diante da imagem. Mamãe foi salva pelo nosso cachorro, Bethoven, que começou a latir quando viu a cobra. O incidente me fez refletir sobre a vulnerabilidade de meus pais, não apenas para a COVID, mas também para outras situações imprevistas.

Com times divididos em São Paulo e Curitiba, precisei adaptar minha gestão à diversidade de localidades. Estava envolvida em um grande projeto de troca de plataforma e empresa gestora para um programa de benefícios flexíveis, que atendia aproximadamente

70 mil vidas. Participar desse projeto significava lidar com tensões e horas adicionais de trabalho, incluindo madrugadas para testes do novo sistema. Eu participava das reuniões com Davi nos meus ombros ou dando mamadeira. Ou ainda tinha os momentos de Davi está aprontando alguma arte. Por exemplo cortando a cortina da varanda enquanto eu fazia uma apresentação on line.

O projeto tinha vários interlocutores tais como áreas de tecnologia, corretora de seguros e prestadores de serviços dos benefícios. Além das áreas de operação e squad, o time multifuncional envolvido para liderar o projeto. Mudar de fornecedor e plataforma após muitos anos com razoável estabilidade dava frio na barriga. Lembro de pedir para minha gestão um feedback e perguntar após os primeiros meses como estava me saindo, a resposta que eu tive foi "olha a gente acabou de se conhecer, você é aquela visita que chegou em casa e ainda não saiu da sala, ainda não foi no lavabo, na cozinha. Precisa de tempo para um feedback". Eu resolvi esperar aquele feedback. Continuei acreditando na oportunidade de aprendizado e crescimento que estava tendo.

Tempos depois lembrei da Claudia Lourenço que explica a importância de não privar uma pessoa de um feedback ou de um diálogo. Mesmo que se trate de uma "conversa complicada", há verdades que precisam ser ditas mesmo que não sejam positivas. "O conteúdo pode ser difícil, mas a condução deve ser cuidadosa e respeitosa. É preciso saber se comunicar e a forma tem igual ou maior importância que o conteúdo."

Um mês antes do projeto ser entregue minha mãe adquiriu uma infecção urinária forte e teve que ser internada. Ao longo de uma semana no hospital mamãe contraiu COVID e teve que ir para uma área de isolamento. Nenhuma das cuidadoras quis ficar com ela no hospital com medo de se contaminarem. Entendo a razão delas, por elas e por suas famílias. Conseguimos contratar cuidadores que no próprio hospital se revezavam para ficar como acompanhante das pessoas internadas.

Ao longo de 20 dias mamãe foi forte e se recuperou. Todos os dias nos falávamos por telefone. Alguns dias ela estava mais distante, outros mais presente. Dizia que tinha fome, que queria comer banana. Fazíamos vídeochamadas conjuntas com meu pai, com uma das minhas tias do Rio. Ela não precisou ser intubada e em alguns dias teve alta. Numa sexta-feira a recebemos de volta para casa. Fisicamente percebíamos que ela ainda não estava bem. Falava com dificuldade e tinha muita impaciência. O olhar estava mais distante. Foi assim durante todo o final de semana.

Na segunda-feira pela manhã recebo uma ligação da cuidadora que ela estava passando mal sem conseguir respirar. Uma prima conseguiu levá-la até o pronto-socorro. De lá a cuidadora ligou relatando os procedimentos que os médicos estavam fazendo, e teve uma hora que a cuidadora se desesperou, gritando, dizendo que estava parando, o coração da mamãe estava parando e cortou a ligação.

Me ajoelhei aos pés do balcão da minha cozinha e chorei da forma mais intensa que acho que já tinha chorado na minha vida. Um choro de desespero. Minutos depois me ligam do hospital informando sua partida.

Passava um pouco depois das nove horas da manhã, minha irmã e eu conseguimos o voo mais próximo para Maceió que sairia por volta de meio-dia. Pedimos que meu pai não fosse avisado pois nós daríamos a notícia para ele assim que chegássemos lá. Esta viagem para Arapiraca pareceu mais longa do que todas as outras.

Ao desembarcamos em Maceió tínhamos sido avisados que o recomendado era o sepultamento num cemitério afastado, sem velório. Apesar da causa morte da mamãe ter sido uma insuficiência respiratória aguda, pelo fato de ter contraído antes o COVID, era recomendado não ter velório. Sabíamos que para meu pai seria muito difícil aceitar esta restrição porque sempre falou deles serem enterrados no cemitério próximo de onde estava a minha avó.

Após conversar de novo com os médicos e hospital conseguimos a liberação do corpo para sepultamento no cemitério que queríamos e um velório rápido de uma hora em casa. Mamãe foi velada em casa, costume praticado em algumas regiões do Nordeste.

Na verdade, mamãe foi velada na garagem da casa em que morava. E, atrás dessa garagem, ficava a cozinha. Durante o velório era preparado um almoço. Também era uma prática após o sepultamento a família se reunir. Mamãe foi velada ao cheiro de cebola fritando na manteiga, lembrando os pratos maravilhosos que ela tanto cozinhou em vida.

Desperdir-me da minha mãe era algo que eu podia dizer que temia, mas jamais esperava. Mesmo que ao longo dos 26 anos estivéssemos distantes fisicamente, sempre estivemos plenamente conectadas. Mesmo que ao longo dos últimos anos com a lucidez dela abalada, isso não desconectou em nada nossa relação. Deixar de ter ao meu lado aquela pessoa que sempre acreditou em mim, sem hesitar, até mais vezes do que eu acreditei, era como perder a referência. Pensava no que seria de mim sem ela. Pensava no meu filho de não ter a oportunidade de conviver mais com ela.

Depois me lembrei que ele conviveu. Pouco mais conviveu. Lembro dele com dois anos e meio, na última vez que estivemos juntos em Arapiraca, com minha irmã e minha sobrinha. Os dois brincando em cima dela na cama. Ela dizia "esse menino vai me quebrar toda pulando em cima de mim".

No início só desconfiava, mas depois concluí que mãe é algo sagrado. Eu me lembrei dos exemplos que tive na vida da importância de uma mãe. Sempre tive o exemplo do meu pai, de respeito que ele tinha para com a mãe dele. Lembro dele chorando em casa no dia que soube que sua mãe tinha falecido. Ele não pode ir ao sepultamento. Lembro-me dele com clareza falando da sua mãe, de como ela foi importante para ele ser quem ele era. Contando como apanhava, mas reconhecendo que todas as ações que a mãe fez foi para criar filhos bons cidadãos. Para ela bons cidadãos eram trabalhadores, que nãos se envolvessem com que o não prestasse e tivessem uma casa para viver em paz. Tambem lembro do exemplo do meu sogro com esse mesmo respeito a mãe dele. Seus relatos sobre a mãe que teve. Mesmo diante das adversidades e distância ela sempre orientando para o caminho do que era correto.

No início me senti muito mal por não ter estado ao seu lado neste último momento, por não ter estado com ela em todos os últimos meses que a pandemia impediu. Mas depois, mesmo com uma dor, eu passei a acreditar que ela foi em paz. Que ela tinha cumprido a missão dela.

Mamãe cumpriu uma missão com amor, com carinho, com determinação e com maestria e eu deveria honrar sua memória todos os dias da minha vida.

58. Retomada dos projetos de vida

No final daquela semana, retornei a São Paulo e voltei ao trabalho na semana seguinte. Poucos meses depois, ainda no início da pandemia, vi outras perdas para o COVID, como a de uma colaboradora do meu time que perdeu o pai e o sogro em um curto espaço de tempo.

Também vivenciei duas perdas de pessoas próximas: minha madrinha e uma prima. Minha madrinha, uma idosa com poucos problemas de saúde pela idade, havia tomado a primeira dose da vacina, mas não resistiu. Já minha prima, com 37 anos, era uma das pessoas que sempre me apoiava nos cuidados dos meus pais em Arapiraca. A COVID evoluiu rapidamente, mesmo sem termos conhecimento de doenças pré-existentes.

Tentei demonstrar força e consolar as perdas, mas não foi um processo fácil. Passei por uma sensação de não ter mais medo da pandemia, embora continuasse seguindo as restrições e usando máscaras. Passei a frequentar parques com meu filho, viajei para a praia e convidei pessoas para visitarem minha casa. Parecia que eu tinha uma compreensão maior do valor de certas coisas que antes não tinha. Recebi muito apoio de pessoas próximas e distantes, mas também percebi a indiferença de alguns em relação às perdas.

Eu perdi minha mãe em setembro e só recebi uma palavra de conforto a respeito, no dia das mães do ano seguinte. Levei um tempo para reconhecer que cada pessoa tem suas próprias lutas das quais não temos ideia, e talvez tenha sido isso que tornou difícil a demonstração de empatia dessa pessoa pelo momento que eu vivia. Ainda assim, recomendo fortemente que empresas adotem protocolos para lidar com o luto, explicando para gestores e times o que fazer ou não fazer nesse processo pois muitos podem melhorar a abordagem nessas situações com conhecimento.

Meu luto talvez tenha começado antes da partida da minha mãe e percorrido todas as fases, como a negação, a raiva e a depressão. O trabalho foi um recurso de apoio para passar por aquele momento.

Nos dois anos seguintes, concentrei meus esforços na nova área. Aprendi muito com novos projetos e liderando um novo time. Participei de projetos específicos da empresa, como entrega de produtos e ferramentas de trabalho, redução do prazo de projeção de custos com benefícios e processos de recrutamento que trouxeram novos colaboradores para a área.

Nesse período tive muito orgulho de uma iniciativa ter sido escolhida como projeto para certificação de Black Belt da metodologia Lean Seis Sigma de uma profissional incrível que ajudou o time a construir um novo modelo de operação para benefícios vinculados ao negócio. Foi assim também em projetos de soluções de benefícios de farmácia, veículos para executivos, e ainda, de Vale Refeição/Alimentação com uma mudança de contrato as vésperas da entrada em vigor de uma nova legislação que impactaria o setor, custo e forma de pagamento.

Teve ainda a experiência da mudança da plataforma de benefícios, em que um problema crítico sistêmico nas escolhas anuais tirou noites de sono. Durante dois meses o sistema rodou bem, e no terceiro mês que envolvia um volume maior de acessos teve problema. A questão era o volume de acessos maior em função das escolhas anuais de benefícios dos colaboradores. Conseguiu-se contornar a situação dos acessos, fazendo a comunicação por grupos/dia a fim de fasear o acesso ao sistema e evitar volume de acessos simultâneos. Minha lição aprendida nesse projeto foi de que talvez se tivesse postergado em alguns dias a entrada da nova plataforma, poderia ter sido identificado em algum teste erro de acesso de maior volume. Me incomodava e reconheço que às vezes ainda me incomoda um pouco, quando os projetos vão além dos prazos e com quem não cumpre prazos. Aqui entra tanto no lado profissional quanto pessoal. E para lidar com isso eu busco ser proativa, prever possíveis intercorrências no processo para atuar preventivamente, e tentar mitigar o problema. Mas hoje acho que faz mais sentido avaliar o custo x benefício do atraso de prazos porque em algumas situações a necessidade de ir além do prazo faz-se necessária. De forma geral busquei sempre olhar para estas situações sempre com o olhar do que deu certo e, o que não saiu como esperado, foi aprendizado.

E ainda houve duas iniciativas que deram muita satisfação, para mim e para o time. A redução considerável do prazo de projeção de custos com benefícios, ampliando tempo dedicado de análise e liberando FTE de 40 horas mês para novas atividades. Nesse caso as melhorias possibilitaram os colaboradores deixarem de usar o precioso tempo para montar bases e passaram a se dedicar mais as análises das variações de custos. E, ainda, dois processos de recrutamento que conduzi e trouxe importantes aquisições de novos colaboradores para a área que tanto fizeram diferença na melhoria de processos, como adequação ao fit cultural da companhia e ao que a área precisava.

Por mais desafiador que fosse viver sem minha mãe nos primeiros anos, procurei seguir em frente e dar o meu melhor.

59. Desligamento: um novo luto

Num final de ano, minha equipe me presenteou com um belo presente de Natal: uma caixa contendo café, xícara e recursos de preparo. Nesta caixa, havia a frase "não deixei a fé e o café acabarem". Além de continuar apreciando café, minha fé se intensificou, não apenas considerando os valores da minha religião, mas também a convicção de que tudo tem um propósito para o bem.

No ano seguinte, lembro-me de um evento que não me agradou, mas procurei tirar aprendizado dele. Na minha avaliação do ano anterior, não recebi reconhecimento financeiro. Fui questionar, já que acreditava ter contribuído para o alcance dos projetos de que participei. A resposta que recebi foi que o sucesso foi fruto de muitas mãos e com o seguinte complemento "falta ainda você mostrar a que veio". Para mim, que historicamente tive muito reconhecimento nas áreas anteriores, isso foi um golpe. Diante disso, adotei minha postura habitual diante de problemas: seguir em frente e identificar onde poderia melhorar, utilizando estratégias que deram certo no passado.

Senti muita falta da minha mãe para compartilhar isso com ela. Não tenho dúvida de que, diante daquela situação, ela teria me trazido paz com sua escuta ativa e dado uma palavra de conforto e incentivo. Sempre mamãe fazia isso, tanto comigo, com a minha irmã, e com meu pai quando ele ainda trabalhava. Compartilhei aquele feedback com minha mãe no coração.

Comecei a retomar a reflexão nos meus objetivos de vida. Lembrei-me do curso de Leading Self que fiz em 2016, onde se falava da importância de reconhecer as diferentes fases da vida e buscar apoio. No curso foi compartilhado que a pessoa poderia estar numa fase que tinha bem claro onde iria chegar e iria se concentrar nas ações para chegar. Ou poderia estar numa fase de grandes mudanças, ocorrendo em diferentes partes da sua vida que exigia decisões difíceis e que as estratégias que foram usadas antes não funcionariam mais. Ou até numa fase de sentir sem rumo, de não conseguir ouvir conselhos, ou perceber ambientes. Talvez uma fase de sofrimento de ansiedade ou depressão, o que nesse caso era fundamental ajuda para dá um salto e conseguir sair do que seria um buraco e ir adiante.

Lembrei-me de uma história que foi compartilhada no curso. Um pai com duas crianças num vagão de metrô. As crianças faziam muita bagunça. Não paravam quietas. Pulavam, batiam, sentavam-se e se levantavam. Possivelmente as pessoas que presenciavam deviam imaginar quão mal-educadas elas eram. Depois de um tempo, o pai explicou que elas tinham acabado de saber da morte da mãe. Aquele comportamento era possivelmente em função da perda da pessoa que amavam. A mensagem com esta história era entender o contexto antes de tirar conclusões. Buscar fazer as perguntas certas. Eu fui buscar novamente ajuda na terapia.

Resgatei a importância dos meus valores pessoais de respeito, buscar uma vida melhor para mim e minha família. E neste momento de resgate de valores aconteceu uma coisa que veio de encontro ao que eu valorizava, que era gratidão e retribuição.

Naquele período, pela primeira vez, tomei coragem e doei sangue. Sempre tive vontade de doar, mas tinha um medo inexplicável. Uma antiga vizinha que me ajudou muito no período de amamentação precisava de doação para seu filho. Isso foi decisivo para eu tomar coragem e doar pela primeira vez, com a certeza de que seria a primeira de muitas doações.

Naquele mesmo curso dizia-se que, quando se tem clareza dos seus valores, você consegue fazer melhores escolhas, e que tudo isso tinha um efeito positivo na prática de liderança, como autoconfiança e autocontrole. Parti daquela situação em busca de novos projetos, munida do reconhecimento que precisava resgatar, e dos meus valores.

Fui estudar e tracei minhas metas, indo bem ao encontro no meu jeito de fazer as coisas, coincidindo com meu tipo psicológico ESTJ da avaliação pela ferramenta MBTI. ESTJ é um acrônimo que reúne as palavras "Extroversão", "Sensação", "Pensamento" e "Julgamento". MBTI significa Myers-Briggs Type Indicator. Foi um teste desenvolvido pela americana Katharine Briggs e sua filha, Isabel Myers. Baseado no trabalho de C.G. Jung, um psiquiatra suíço que estudou o comportamento humano durante muitos anos. O teste proporciona uma análise útil sobre as personalidades através da observação de preferências utilizadas em diferentes momentos por todas as pessoas.

Intensifiquei minha busca e atuação em vários projetos. Dos mais simples aos mais complexos e tenho convicção que ajudei a entregar grandes resultados para aquela organização, desenvolvi pessoas e deixei uma marca positiva nos atendimentos que fiz.

Em 2022, deixei a empresa após 6 Copas do Mundo e 25 aniversários de vida. Iniciei uma série de reflexões do caminho percorrido, dos aprendizados obtidos, tentando esquecer o processo em si de saída que foi doloroso e com muita oportunidade de ser melhorado. Quando menciono o processo de saída em si, me refiro a sentir falta de mais cuidado e respeito com exemplos tais como um tempo de espera maior para você recolher seus pertences, se despedir das pessoas, usar o banheiro, tomar uma água e café, ser acompanhada até a porta, ou permitir que o exame de saída seja feito na empresa. Me lembrei de alguns desligamentos que acompanhei e que eu fiz, e tive o cuidado de considerar todos esses detalhes com quem foi desligado por mim.

Iniciei um novo processo de luto. Não era mais o luto da perda de uma pessoa querida. Talvez tenha sido o luto da perda de uma perspectiva de vida que tinha me trazido até aqui, conduzida pelo trabalho. Segundo Elisabeth Kubler-Ross, psicanalista, podem existir cinco fases de dor após uma perda. A primeira fase era a negação com a minha reação de choque com a realidade, e vários questionamentos tais como era possível que isso tinha acontecido. Eu tentava investigar, como e por quê. Será que eu tinha cometido uma falta ética? Como eu não tinha conseguido perceber? A seguinte fase era de raiva, ao me dar conta de que não havia nada que eu podia fazer para corrigir ou reverter a situação. Já a fase de negociação, aquela que fantasiava a ideia de reverter o processo, e tentando buscar estratégias para tornar isso possível. Por fim, a fase da depressão, com uma tristeza profunda, até a fase da aceitação, quando comecei a aceitar a situação com menos sofrimento. Acho que neste luto consegui observar de forma mais clara as diferentes fases que ele pode provocar, algo diferente do processo de perda da minha mãe. Com apoio das sessões de terapia comecei o processo de elaboração, transformando aquelas dores das perdas. Aceitando e reconhecendo o ensinamento que estava tendo com elas para seguir adiante com minha vida.

Um tempo depois do meu desligamento, fui chamada para uma conversa com a head da área. Ela queria me ouvir, e eu disse que queria saber o porquê de eu ter sido desligada. E saí de lá com a certeza de que não tinha sido por um desvio ético. O meu perfil deixou de ser necessário para aquela estrutura naquele momento. Ela me pediu desculpas pela forma de como o desligamento tinha sido conduzido. Entender o que levou ao término de uma relação para mim era importante não apenas para eu ter clareza, mas principalmente me deixar em paz para iniciar um novo ciclo.

60. Aprendizado - A importância de fazer escolhas

Muitos me questionaram sobre o que eu levava dessa jornada de 25 anos trabalhando em uma única empresa e qual legado eu havia deixado.

Na verdade, não foram 25 anos em uma única empresa, mas sim em diferentes empresas, devido à evolução do negócio ao longo do tempo e às fusões e aquisições que ocorreram durante esse período. Ao longo desse tempo, testemunhei muitas mudanças, desde a evolução da comunicação do SMS ao WhatsApp, do celular analógico ao 5G, e do início da inteligência artificial ao CHATGPT.

Eu acredito que ajudei e contribuí em muitos projetos, em alguns deles deixei minha assinatura de entrega com louvor. Tenho orgulho de nesse período ter construído grandes amizades e parceiras para o longo da vida. Aprendi muito temas. Dos assuntos técnicos e aos de relacionamento, incluindo a administração de conflitos e a capacidade de adaptação.

Em 25 anos, vi a vida humana se desenvolver: bebês nascerem, crianças crescerem, jovens irem para a escola e adultos saírem da faculdade. Vivi seis Copas do Mundo e comemorei 25 aniversários e Natais junto com meus colegas de trabalho. Em termos de idade, passei mais tempo dentro dessas empresas do que fora delas, e isso certamente teve um impacto significativo na minha vida.

Por outro lado, por mais que a gente passe tanto tempo trabalhando, a atuação profissional é responsável apenas por uma parcela da nossa vida. Essa parcela não te defini como pessoa. E as vezes quando se tem o término de uma relação profissional duradoura a gente esquece disso, e é preciso resgatar. Foi nesse momento de pausa que tive ainda maior clareza da importância de se aprender sobre si mesmo. Como a busca do autoconhecimento é fundamental para ressignificar situações e tirar o melhor aprendizado delas.

Depois de um tempo eu consegui entender que desde muito cedo eu tive influências que me moldaram. A influência dos meus pais que tinham uma convicção de que eu poderia ter melhores condições que eles. E essas melhores condições não passavam por uma outra via que não fosse o trabalho. E isso ao longo do tempo seguramente influenciou minha capacidade de fazer escolhas.

Não tenho dúvida de que os aprendizados que tive foram possíveis graças às minhas experiências pessoais de vida, que moldaram minha determinação por uma vida melhor. Entretanto, a determinação teve seu lado pesado como a cobrança ou o comportamento de não pedir ajuda, ou, ainda, de demonstrar aos outros que é tão forte que ninguém percebe que você está precisando de ajuda.

No meu caso a determinação me levou a deixar de falar o que era importante para mim em determinados momentos. Hoje reconheço que isso me prejudicou. Reconheço que, diante de um problema, continuar avançando sem reconhecer meus limites pode ser prejudicial, seja no ambiente de trabalho ou nos relacionamentos pessoais.

Pelo meu histórico de vida me vi muitas vezes na jornada me apegando a coisas ou situações como se fossem as únicas alternativas que existissem. Talvez em algumas situações sim existiam poucas alternativas ou apenas uma. Quando lembro de o porquê na minha época de infância não ter optado por ser médica ou engenheira foi que a minha realidade dizia que não existiam estas opções. Hoje vivo uma realidade bem diferente e acredito tanto para meu filho quanto qualquer outra pessoa que eles podem ser o que quiserem ser. Quando tem poucas possibilidades de escolha, a gente pode se apegar a opções que, ao longo da jornada, podem ter sido positivas, mas com o tempo são opções que podem se tornar tóxicas.

E este poder de escolha tem relação direta com o foco. Daniel Goleman dá a explicação de quando não se consegue atingir foco é que provavelmente estamos presos num estado de estresse constante. Nosso poder de escolha é comprometido quando perdemos o foco. Perdemos o foco quando dirigimos nossa atenção apenas às nossas fraquezas, e isso não ajuda, pelo contrário, provoca um senso defensivo de obrigação e culpa, e nos fecha para o mundo.

Mas o que dá a uma pessoa o poder de escolha? Alguma educação? Ou uma boa educação? Dinheiro? Suporte da família? Num país em que ainda existem muitas pessoas que ainda vivem num universo paralelo de pobreza, falta de emprego e educação, a possibilidade de fazer escolhas ainda não é para a maioria. Não podemos deixar de reconhecer que existe no mercado um movimento da sociedade para ser mais humana, diversa e inclusiva. Isso de alguma forma reflete de forma positiva para que mais pessoas tenham algum poder de escolha. Seja por programas de educação, seja programas de inclusão e equidade, seja por iniciativa empresariais que genuinamente se preocupem com o impacto positivo que podem deixar para a sociedade, reconhecendo o valor que isso traz para seu negócio.

No meu caso, o poder de escolha está começando a vir com a maturidade. Mesmo com educação e melhoria de condição financeira, só a maturidade está me fazendo refletir e ter clareza e respeito pelo que eu quero e o que me faz feliz. Clareza, do que e de quem eu quero ter por perto. Clareza de quem eu quero distante. O que eu quero consumir de alimento, de conhecimento e o que eu não quero.

O período de luto me fez refletir sobre o que realmente importa e onde devo concentrar minha atenção. Aprendi a importância de parar e prestar atenção ao presente. Reconhecer meus pontos fortes e alinhar minhas escolhas com meus interesses e o quanto isso pode ajudar a enfrentar os próximos desafios com mais facilidade. E, se uma escolha não for adequada, está tudo bem eu buscar alternativas.

61. Aprendizado - Comunicação

O aprendizado sobre comunicação sempre foi um desafio para mim, especialmente por carregar diferentes momentos em que precisei me calar, tanto na vida corporativa quanto no pessoal. Testemunhar eventos traumáticos, como um assassinato na juventude, sem dúvida afetou minha habilidade de comunicação, assim como alguns feedbacks profissionais que recebi.

O meu aprendizado passa pela comunicação no aspecto de melhorar a oratória, a expressão de ideias, a capacidade de dar e receber feedback, e sobretudo em tornar minha mensagem mais clara para o outro. Segundo Marshall B. Rosenberg, quando nos concentramos em tornar mais claro o que o outro está observando, sentindo e necessitando em vez de diagnosticar e julgar, descobrimos a profundidade da nossa própria compaixão.

O mundo corporativo muitas vezes é contraditório nesse sentido, incentivando a comunicação aberta, mas impondo restrições quanto ao que pode ser dito. Algumas vezes a restrição é porque pode incorrer algum risco de imagem da área ou mesmo pela falta de espaço para o erro. É amplamente divulgado que inovação e o desenvolvimento de soluções disruptivas dependem de um ambiente onde a comunicação flua livremente, mas nem sempre é bem assim. Uma pergunta ou comentário feito num fórum ou ambiente não seguro, mesmo que tenha a melhor das intenções, pode ter um efeito negativo.

Ao longo da minha jornada, fui incentivada por algumas pessoas, como um alto executivo que um dia me elogiou após uma reunião e me encorajou a falar sem timidez. Ouvi isso de uma pessoa quatro níveis acima do meu. Essas palavras foram um incentivo significativo para mim e muitas vezes me ajudaram a superar o medo de falar em público.

Lembro-me das histórias que meus pais costumavam contar sobre momentos de aprendizado, como quando minha mãe relatava como a "madame" usava uma comunicação gentil ao dar feedbacks, ou quando meu pai aprendeu a importância de não falar mal dos colegas para pessoas desconhecidas.

Mamãe dizia que a madame quando ia chamar a atenção dela não mudava o volume ou o tom de voz. Mamãe dizia que a madame a chamava de forma discreta e falava de forma carinhosa, por exemplo, "filhinha, o suflê precisa de mais leite para ficar macio, me chama da próxima vez se você ficar com dúvida para eu te mostrar". Já meu pai dizia que um chefe dele chamado "Seu João" o orientava como um pai: "meu filho, não aponte problemas dos colegas para quem você não conhece". E meus pais descreviam na sequência o aprendizado que tinham tido com estes feedbacks e bate-papos com seus gestores. Olha aí a forma de como era feita a comunicação.

Exemplos que podem muito bem ser aplicados na educação infantil ou no ambiente corporativo. Quando um feedback só se concentra na bronca, o risco é de só conduzir o outro ao medo, não priorizando a capacidade do outro de mudar ou crescer. Esses exemplos destacam a importância de uma comunicação cuidadosa e respeitosa, que incentive o crescimento e o desenvolvimento das pessoas.

Hoje sigo nessa jornada de aprendizado sobre comunicação. Acredito, que a comunicação deve ser uma ferramenta para o bem. Seja para ajudar, agradecer, promover, expandir ou melhorar um ambiente ou uma comunidade. Antes de comunicar algo, é fundamental respeitar o interlocutor e reconhecer que as pessoas têm experiências e perspectivas diferentes, moldadas por suas histórias de vida.

62 Aprendizado - Empatia

Tive a oportunidade de participar de um treinamento de liderança sobre empatia assertiva, baseado nos conceitos do livro de Kim Scott. O treinamento destacava duas habilidades cruciais para liderança: importar-se genuinamente com as pessoas e desafiá--las diretamente.

Segundo Kim, um líder empático assertivo é capaz de criar laços pessoais e emocionais que motivam os colaboradores, enquanto utiliza essa conexão para fornecer feedbacks diretos, mesmo que difíceis quando necessário. Esse modelo de liderança representa uma alternativa entre abordagens excessivamente rígidas e excessivamente condescendentes.

Um exemplo do que não é liderança empática assertiva é quando as conversas se tornam centradas no ego, ao invés de ideias. A abordagem direta não é uma desculpa para grosseria, como experienciei quando uma gestora questionou a pertinência de uma reunião de forma ríspida, em vez de abordar o assunto com respeito. Eu tinha agendado uma reunião e a resposta que eu tive da gestão foi "Isso é hora de agendar uma reunião? É por isso que as pessoas reclamam que são interrompidas no horário de almoço". A reunião tinha sido agendada para 13h30. Se o horário não é adequado o caminho não é retrucar de uma forma grosseira. Na realidade a grosseria só afasta o foco da resolução.

É importante também esclarecer que importar-se pessoalmente não significa invadir a privacidade das pessoas ou compartilhar detalhes pessoais excessivamente. Lembro aqui como podem ser invasivas perguntas como "porque você é assim", ou indagações tais como "o que que Deus tem a ver com isso?", ou "tira o Deus da sua frase", quando eu dizia graças a Deus por alguma conquista ou "se Deus quiser, e Ele quer". O uso dessas perguntas e comentários seguramente poderiam ter sido substituídos para uma abordagem focada na situação, ou numa investigação sobre o que ocorreu, numa tentativa genuína de ajudar e não de estimular uma frustação.

Lembro-me de outro exemplo da gestão apontar "olha, quando eu fui estagiária eu fiz isso e isso foi fundamental para eu atingir uma efetivação ou uma promoção", com aquele ar de que "você precisa fazer o mesmo". Sua história pode e deve ser contada, mas não considere que esta é a única verdade absoluta a ser seguida.

Fiquei pensando em situações de assédio que possa ter vivido durante minha jornada. Mas na minha reflexão tentei encontrar não apenas aquelas situações que sofri, mas que pudesse ter sido provocadora, seja na minha atuação como gestora de time, ou, ainda, no meu relacionamento com pares e clientes.

Refletindo sobre meu próprio comportamento, reconheci situações em que poderia ter sido mais empática, tanto como gestora quanto em interações com colegas e clientes. Encontrei uma situação que foi muito marcante para mim que na época me fez repensar como agir. Na época eu recebi a reclamação de uma colega que a tinha considerado uma pessoa velha. Quando recebi o feedback fiquei sem entender por dois motivos. Primeiro motivo, por eu ser uma pessoa que sempre me relacionei com pessoas mais velhas e meu profundo respeito por elas. Uma das atividades que inclusive tinha era atender pessoas já aposentadas por idade e tempo de serviço. Eu tinha até uma chefe que dizia que eu era a musa dos aposentados, o que me incomodava um pouco pois eu percebia essa expressão sendo dita de forma pejorativa e minha relação com aqueles aposentados sempre tinha sido pautada em carinho e respeito. Segundo motivo pelo qual também fiquei sem entender, a princípio, pela pessoa em especial que ela era. Eu a considerava uma colega de trabalho próxima. E fui tentar entender com ela como eu provoquei aquela situação. Recordo-me dessa pessoa no grupo de trabalho receber de outras pessoas brincadeiras tais como "você é uma senhora que cumpre a cota do time. Assim como temos as outras pessoas que cumprem cotas aqui". Sempre eram brincadeiras feitas entre os membros daquele time. E o que eu fiz foi, no dia de um evento, é que usei da mesma brincadeira que os demais faziam com ela. E não foi legal. Foi uma grande lição que aprendi. Não entendia a princípio o porquê de ela não ter gostado do que eu falei, sendo que eu tinha falado da mesma forma que os demais falavam com ela. Depois fui ver que, não é só porque não entendemos algo, não significa que esteja certo. Aprendi que, mesmo que uma ação seja comum entre um grupo, não significa que seja apropriada para todos. Reconheci meu erro, me desculpei e fiquei ainda mais atenta a todas as minhas ações, buscando corrigir comportamentos e entender conceitos.

O assédio é um comportamento caracterizado por causar desconforto, humilhação, intimidação ou perseguição na vítima, que não consentiu para esse tipo de comportamento, seja ele explícito ou não. Ele se dá de maneira repetitiva e prolongada, podendo ocorrer nos mais diversos ambientes, públicos ou privados, na presença de outras pessoas ou não.

No final das contas é preciso desenvolver habilidade diária de respeito ao outro. Não existe outro caminho para promover empatia e assim possibilitar ambientes de confiança e de respeito. Ambientes que possibilitem relações interpessoais saudáveis, segurança para compartilhar ideias e se aprender com os erros. Não tenho dúvidas que um ambiente assim é que promove inovação e pavimenta caminho para se atingir melhores resultados e uma melhor sociedade.

63. Início de um novo futuro

Numa realidade pós-pandemia, onde a liderança de comando e controle perde mais que nunca espaço para uma liderança inspiradora, a empatia emerge como um caminho essencial.

Em um mundo fragmentado, como indicado pelos últimos Fóruns Econômicos Mundiais, a conexão e a integração entre as pessoas cada vez mais precisa nos levar a empatia.

Nos ambientes de trabalho, é crucial buscar ações que reconheçam a humanidade de cada indivíduo e o respeito as diferenças. Ações nos processos de gestão, na chegada, no desligamento e nos benefícios que respeitam o indivíduo, que humanizam e atraem um ambiente de respeito, agradável, colaborativo e inovador, precisam passar pela empatia.

Compreender o contexto de cada pessoa, seja pela falta de conhecimento, vontade ou possibilidade, demanda atenção e, consequentemente, empatia. Como Papa Francisco disse em uma homilia, "não se mudam estruturas se não se mudam corações".

Que minhas histórias possam tocar de alguma forma positiva os corações.

Um ciclo que termina e outro que se inicia e sempre a certeza de que a vida nos prepara para os novos ciclos. E precisamos estar alertas e prontos para quando a oportunidade bater a nossa porta, deixá-la entrar.

Fatos do nosso passado jamais serão modificados, contudo, é perfeitamente possível alterar nossa visão sobre eles com dizia Dulce Magalhães no livro O foco define a sorte.

Depois de algum tempo cheguei à reflexão sobre o perdão. Busquei a base religiosa sobre o perdão, ouvi muitas pessoas e li muito sobre manter só o que a gente aprende. Como cita um dos livros do Rossandro Klinjey, fechemos a porta. Não podemos esquecer o passado, mas o perdão tem o poder de nos liberar para um futuro.

Eu perdoei aquele cara do curso de manequim que me fez bullying na igreja quando eu era criança. Eu perdoei o primeiro chefe que tive na imobiliária que desdenhou da minha vontade de eu querer estudar. Eu me perdoei pela distância física de morar longe dos meus pais. Eu me perdoei pelo primeiro desligamento que fiz. Eu perdoei a forma de desligamento que sofri. E, sobretudo, reconheço a importância do perdão, tanto para os outros quanto para si mesmo, como parte do meu processo de evolução pessoal.

A maturidade me trouxe a serenidade de aceitar todas as experiências como oportunidades de crescimento. Ouvi numa live da Janice Herinnger, que a gente deve receber as graças da vida, aceitar o que ela te traz, e o que ela te leva, sendo humilde diante de Deus.

Continuo acreditando que o feedback é uma ferramenta poderosa de aprendizado e desenvolvimento, desde que tenha por base a intenção de ajudar.

Tenho cada vez mais a certeza de que de forma alguma não podemos deixar que outra pessoa determine nosso valor.

Sou muito agradecida pelo recurso da terapia. Não tenho dúvidas que compreender quem a gente é, de onde a gente vem, através desse processo de falar, ouvir e ser acolhida é fundamental para o crescimento pessoal.

Sou muito agradecida por ter um momento de pausa onde tive uma oportunidade de rever o que é importante para minha vida, avaliar o que sofreu alteração e assim chegar nos meus valores atuais.

Na minha lista de valores estavam coragem, determinação e respeito. Em pouco tempo passei a incluir também saúde e família. Hoje eu incluo na lista aprendizagem e autorrespeito.

Eu quero retribuir o que eu tive de bom e o aprendizado que eu tive com o que vivi de menos bom. E que isso ajude expandir a sororidade, esta prática de empatia, cooperação e acolhimento entre mulheres.

Sem dúvida esse livro é um processo que me ajudou a reconhecer quem eu sou e o que conquistei. Me ajudou a acolher as diferentes atitudes que tive no passado, seja se agarrando as oportunidades que estavam aparecendo, seja quando tomei decisões convictas de buscar um caminho melhor.

Eu acredito que a gente deve viver para deixar marcas positivas no mundo e é isso que eu quero com este livro.

Durante o período que escrevi esse livro, voltei a dar palestras no mercado; me tornei mentora de programas de mulheres e jovens em vulnerabilidade social; passei a ajudar projetos sociais do meu entorno; fiz uma viagem longa e leve para visitar meu pai em Arapiraca, levei ele a praia, dirigi tranquila, e voltei com paz no coração. Aproveitei muitos dias para estar com meu filho, fiz sua transição de escola e aprendi a jogar xadrez.

Entre tantas outras coisas, só tenho a agradecer por tudo que este momento de pausa me proporcionou.

"Quando alguém lhe disser "Não", não reaja de forma emocional nem perca o controle. Um "Não" pode lhe surpreender e abrir um mundo de possibilidades. Um "Não" pode inesperadamente guiar você a pessoas boas", como disse Haemin Sunim, no livro "As coisas que você só vê quando desacelera".

E assim, eu iniciei uma nova jornada com pessoas boas do passado, do presente e do futuro.

Referências

Artigo **A DOR E O SOFRIMENTO - UMA CONEXÃO ENTRE O PENSAR FILOSÓFICO E O ESPIRITUAL.** Autores: Fenili, R. M., Takase Gonçalves, L. H., Azevedo dos Santos, S. M. o dos Santos, S. M., na Revista Enfermería Global, 2006. Disponível em: https://digitum.um.es/digitum/bitstream/10201/24149/3/A%20dor%20e%20o%20sofrimento%20-%20uma%20conex%C3%A3o%20entre%20o%20pensar%20filos%C3%B3fico%20e%20o%20espiritual.pdf

Charan, Ram; Drotter, Stephen; Noel, James. **Pipeline de Liderança, o desenvolvimento de líderes como diferencial competitivo.** Editora Elsevier Brasil, 2017.

Chiera, Renato. **Filhos do Brasil - Um caminho de solidariedade na Baixada Fluminense.** Editora Cidade Nova, 1996.

Emilie Aries. **Curso Coping with Impostor Syndrome to Build Career Confidence.** Linkedin.

Goleman, Daniel. **Foco – A atenção e seu papel fundamental para o nosso sucesso.** Editora Objetiva, 2014.

Klinjey, Rossandro – **As 5 faces do Perdão.** Editora Letramais, 2016.

Magalhães, Dulce. **O foco define a sorte. A forma como enxergamos o mundo faz o mundo que enxergamos.** Editora Integrare, 2011.

Mandela, Nelson. **Long Walk to Freedom**, 1994.

Mulheres no RH Edição Poder de uma Mentoria, volume III. Coordenação: Lilia Vieira, Andréia Roma e Tania Moura. Editora Leader, 2023.

Neto, Lira. **Padre Cícero: Poder, Fé e Guerra no Sertão.** Editora Companhia das Letras, 2009.

Rosenberg, Marshall B. – **Comunicação Não-Violenta,** Editora Agora, 2006.

Scott, Kim. **Empatia Assertiva. Como Ser Um Líder Incisivo sem Perder a Humanidade.** Editora Alta Books, 2018.

Sunim, Haemin. **As coisas que você só vê quando desacelera. Como Manter a calma em um mundo frenético.**

Sociedade Brasileira de Reumatologia. Artrite Reumatoide (AR). Disponível em: https://www.reumatologia.org.br/doencas-reumaticas/artrite-reumatoide/.

Rede social dos trabalhadores, gestores e usuários do SUS. Disponível em: https://redehumanizasus. net/64998-o-paciente-terminal-dor-cuidado-paliativo-e-dignidade/.

Apostila Introdução aos Tipos Psicológicos nas Organizações. Sandra Krebs Hirsh e Jean M. Kummerow. Publicada pelo CPP, Inc e AEM Desenvolvimento Humano Ltda., 2010.

Silva, Jacqueline Vasconcelos. **Expatriados: aprendizes ou peixes fora d'água? Até onde a expatriação promove a aprendizagem do indivíduo e da organização?** Dissertação apresentada ao Programa de Pós-graduação em Administração de Empresas da Universidade Presbiteriana Mackenzie para a obtenção do título de Mestre em Administração de Empresas, 2009.

Material do curso Programa de Autoliderazgo. Oxford Leadership, 2016.

"**Conceito GSM.**" Disponível em: https://pt.wikipedia.org/wiki/GSM.

"**Conceito Joint Venture.**" Disponível em: https://fia.com.br/blog/joint-venture/.

"**Conceito madame.**" Disponível em: https://www.soescola.com/glossario/madame-o-que-e-significado.

"**Conceito empatia.**" Disponível em: https://www.psicanaliseclinica.com/empatia-significado-em-psicologia/.

"**Conceito assédio.**" Disponível em: https://www.jusbrasil.com.br/artigos/voce-sabe-o-que-e-e-quais-sao-os-tipos-de-assedio/1229173791.

Artigo "**Luto não ocorre só em casos de morte, veja como lidar com perdas...**" - Canal Viva Bem Uool, Diego Garcia. Disponível em: <www.uol.com.br/vivabem/noticias/redacao/2020/01/14/luto-nao-ocorre-so-em-casos-de-morte-veja-como-lidar-com-perdas.htm?cmpid=copiaecola>.

Pesquisa Lockton 2019.

Mentores e suas práticas de sucesso, 2a. edição, escrito por Mentores do Programa Nós por Elas. Coordenação: Edna Vasselo Goldoni, Glaucimar Peticov e Andréia Roma. Editora Leader, 2023.

Citação do texto de Cláudia Lourenço, A dádiva do conhecimento compartilhado, do livro **Mentores e suas histórias inspiradoras**. Coordenação: Edna Vasselo Goldoni, Glaucimar Peticov e Andréia Roma. Editora Leader, 2021.

EDITORA LEADER